Salatët e Bukura dhe të Shëndetshme

Krijo Shijen e Perëndive në Kuzhinën Tënde me Këto Salata Të Lira dhe Të Shijshme

Mia Williams

Përmbajtja

Sallata e pulës së Kleopatrës 10

Sallatë tajlandeze-vietnameze 12

Sallatë Cobb e Krishtlindjeve 14

Sallatë me patate jeshile 17

Sallatë e djegur e qengjit 20

Sallatë me lakër dhe rrush 22

sallatë me agrume 24

Sallatë frutash dhe marule 26

Sallatë me mollë dhe marule 28

Sallatë me fasule dhe piper 30

Sallatë me hurma me karrota 32

Salcë sallate me spec kremoz 33

Sallatë Havai 35

Sallatë e djegur e qengjit 37

Sallatë me lakër dhe rrush 39

sallatë me agrume 41

Sallatë frutash dhe marule 43

Sallatë pule-kari 45

Sallatë me spinaq me luleshtrydhe 47

Sallatë e ëmbël lakër në restorant 49

Sallatë klasike me makarona 51

Sallatë me dardhë me djathë Roquefort 53

Sallatë me ton Barbie 55

Sallatë me pulë për pushime 57

Sallatë me fasule meksikane	59
Sallatë me makarona me Bacon Ranch	61
Sallatë me patate me lëkurë të kuqe	63
Sallatë me fasule të zeza dhe kuskus	65
Sallatë me pula greke	67
Sallatë e shijshme me pulë	69
Sallatë me kerri me pulë me fruta	71
Sallatë e shijshme me kerri pule	73
Sallatë me karrota pikante	75
Sallatë me mollë aziatike	77
Sallatë me kunguj dhe orzo	79
Sallatë me lakërishtë me fruta	81
Sallatë Cezar	83
Sallatë me pulë me mango	85
Sallatë portokalli me mocarela	87
Sallatë me tre fasule	89
Sallatë Miso tofu	91
Sallatë japoneze me rrepkë	93
Jugperëndimore Cobb	95
Makarona Caprese	97
Sallatë me troftë të tymosur	99
sallatë me vezë me fasule	101
Sallatë Ambros	102
Sallatë çerek	104
Sallatë spanjolle djegës	106
sallatë me mimozë	108
Klasik Waldorf	110

Sallatë bizele me sy të zinj 112
Fatosh 114
Sallatë me dardhë të thartë dhe djathë blu 116
Sallatë italiane pikante 118
Sallatë Cezari II 120
Sallatë me proshuto, dardhë dhe arra të karamelizuara 122
Sallatë rome dhe mandarinë me vinegrette me fara lulekuqe 124
Sallatë shtëpie në stilin e restorantit 126
Sallatë me spinaq 128
Sallatë me Spinaq Super Seven 130
sallatë e bukur 131
Sallatë me spinaq dhe orzo 132
Sallatë me luleshtrydhe, kivi dhe spinaq 134
sallatë me spinaq me shegë 135
Sallatë me Spinaq me Vinaigrette Jelly Piper 136
Sallatë super e thjeshtë me spinaq dhe piper 137
Sallatë me spinaq, shalqi dhe nenexhik 138
Sallatë e shijshme me shegë 140
Sallatë krokante me mollë-bajame 141
Mandarina, Gorgonzola dhe Kënaqësia e Bajameve 142
Sallatë rome dhe portokalli 142
Sallatë e varur 143
Sallatë lakër jeshile me shegë, fara luledielli dhe bajame të grira 146
Sallatë Feta me Shegë me Vinaigrette Dijon Limon 148
Sallatë me rukolë, kopër dhe portokall 150
Sallatë me spinaq me avokado dhe shalqi 151
Sallatë me avokado, lakër jeshile dhe quinoa 152

Sallatë me kungull i njomë me salcë speciale 154

Sallatë me perime dhe proshutë 156

Sallatë krokante me kastravec 158

Sallatë shumëngjyrëshe me perime dhe djathë 158

Sallatë kremoze me kastravec 161

Sallatë me proshutë dhe brokoli 163

Sallatë me perime dhe bukë misri 165

Sallatë me fasule dhe perime 167

Sallatë misri-ullinj 169

sallatë misri 171

Sallatë e freskët hungareze 173

Një përzierje perfekte e domates, kastravecit dhe qepës 175

Sallatë klasike me kastravec 177

Sallatë me domate qershi 179

Sallatë me asparagus 181

Makarona dhe bizele me sy të zi në sallatë 183

Sallatë me spinaq dhe panxhar 185

Sallatë me patate me uthull balsamike 187

Sallatë me domate të marinuara 189

Sallatë e shijshme me brokoli 191

Sallatë misri me salcë italiane 193

Sallatë me speca asparagus 194

Sallatë me domate dhe borzilok 196

Sallatë kopshti shumëngjyrëshe 198

sallatë me kërpudha 200

Sallatë me quinoa, nenexhik dhe domate 202

Receta e sallatës me lakër turshi 204

Sallatë e shpejtë me kastravec 206
Domate të prera në feta me vinegrette kremoze 208
Pjatë me sallatë panxhari 209
Sallatë me pulë dhe spinaq 211
Sallatë gjermane me kastravec 213
Sallatë shumëngjyrëshe agrume me salcë unike 215
Sallatë me patate, karrota dhe panxhar 217

Sallata e pulës së Kleopatrës

Përbërësit

1 fileto pule

2 lugë gjelle. vaj ulliri ekstra i virgjer

1/4 lugë. thekon shtytëse të kuqe të grimcuara

4 thelpinj hudhre te shtypura

1/2 filxhan verë të bardhë të thatë

1/2 portokalli, e shtrydhur

Një grusht majdanoz me gjethe të copëtuara

Natrium i trashë dhe piper i zi

Metoda

Ngrohni një paketë të madhe jo ngjitëse në sobë. Shtoni vaj ulliri ekstra të virgjër dhe ngrohni. Shtoni boost të grimcuar, thelpinj hudhër të shtypur dhe gjoksin e pulës. Gatuani gjokset e pulës derisa të skuqen mirë nga të gjitha anët, rreth 5-6 minuta. Lëngu e lëmë të ziejë dhe i kaurdisim filetot për rreth 3-4 minuta të tjera, më pas e heqim tiganin nga zjarri. Shtrydhni lëngun e freskët të limonit të shtrydhur mbi shpendët dhe shërbejeni me majdanoz të zier në avull dhe kripë për shije. Shërbejeni menjëherë.

Duke u gëzuar!

Sallatë tajlandeze-vietnameze

Përbërësit

3 marule latine, të prera

2 gota fidanë perimesh të freskëta, të çdo llojllojshmërie

1 filxhan daikon ose rrepkë e kuqe e prerë në feta të përsosura

2 gota bizele

8 qepë të njoma, të prera në feta diagonale

½ kastravec pa kokrra, i prerë në 1/2 për së gjati

1 litër domate rrushi të verdhë ose të kuq

1 qepë e kuqe, e prerë në katër pjesë dhe e prerë shumë mirë

1 përzgjedhje e rezultateve të shkëlqyera të freskëta, të shkurtuara

1 përzgjedhje e rezultateve të borzilokut të freskët, të prera

2 x 2 pako me arra të copëtuara, të gjetura në korridorin e pjekjes

8 copë bukë të thekur me bajame ose bukë anise, të prera në copa 1 inç

1/4 filxhan salcë soje të errët tamari

2 lugë gjelle. vaj perimesh

4 deri në 8 koteleta të holla pule, në varësi të madhësisë

Kripë dhe piper i zi i freskët i bluar

1 kile mahi mahi

1 gëlqere e pjekur

Metoda

Kombinoni të gjithë përbërësit në një tas të madh dhe shërbejeni të ftohur.

Duke u gëzuar!

Sallatë Cobb e Krishtlindjeve

Përbërësit

Sprej gatimi që nuk ngjit për përgatitjen e ushqimit

2 lugë gjelle. shurup arre

2 lugë gjelle. Sheqer kaf

2 lugë gjelle. Mushti

1 kile miell proshutë, të gjitha gati, zare të mëdha

lb bërthama papijonesh, të gatuara

3 lugë gjelle. turshi të bukura të prera në feta

Bibb marule

½ filxhan qepë të kuqe të prerë në feta

1 filxhan djathë Gouda i grirë hollë

3 lugë gjelle. gjethe të freskëta të majdanozit të prera në feta

Vinaigrette, formula vijon

Fasule organike të marinuara:

1 kile bizele, zvogëlohen, priten në të tretat

1 C. hudhër të copëtuar

1 C. thekon të kuqe

2 lugë gjelle. vaj ulliri ekstra i virgjer

1 C. uthull të bardhë

Një majë kripë

Piper i zi

Metoda

Ngrohni sobën në 350 gradë F. Aplikoni llak gatimi që nuk ngjit në enën e pjekjes. Në një tas mesatar, kombinoni shurupin e arrave, glukozën në kafe dhe mushtin e mollës. Shtoni proshutën dhe përziejini mirë. Transferoni përzierjen e proshutës në enën e pjekjes dhe piqni derisa të gatuhet dhe proshuta të skuqet, rreth 20 deri në 25 minuta. Hiqeni nga furra dhe lërini mënjanë.

Shtoni drithërat, turshitë dhe majdanozin në pjatë me salcë dhe hidhini. Rrini një tas të madh servirjeje me marule Bibb dhe shtoni drithërat. Sipër kokrrës radhitni me radhë qepën e kuqe, goudën, bizelet e njoma dhe proshutën e gatshme. Për të shërbyer.

Duke u gëzuar!

Sallatë me patate jeshile

Përbërësit

7 deri në 8 qepë të njoma, të pastruara, të thara dhe të prera në copa, pjesë me ngjyrë të gjelbër dhe të bardhë

1 përzgjedhje e vogël qiqrash, të prera në feta

1 C. kripë Kosher

Piper i bardhë i sapo bluar

2 lugë gjelle. uji

8 lugë gjelle. vaj ulliri ekstra i virgjer

2 selino me peshë trupore, të larë

3 gjethe dafine

6 lugë gjelle. uthull të zezë

2 qepe, të qëruara, të prera në katër pjesë për së gjati, të prera në feta hollë

2 lugë gjelle. mustardë kremoze Dijon

1 lugë gjelle. kaperi të prera në feta

1 C. lëng kaper

1 tufë e vogël tarragon, e grirë hollë

Metoda

Përzieni qepujt dhe qiqrat në një blender. Sezoni me kripë. Shtoni ujë dhe përzieni. Hidh 5 lugë gjelle. vaj ulliri ekstra të virgjër ngadalë nëpër pjesën e sipërme të blenderit dhe përziejeni derisa të jetë e qetë. Vendoseni selinon të ziejë në një tigan me ujë dhe zvogëloni nxehtësinë në minimum. Spërkateni ujin me pak kripë dhe shtoni gjethet e dafinës. Ziejeni selinon derisa të zbutet kur shpohet me majën e një thike, rreth 20 minuta.

Në një tas mjaft të madh për të mbajtur selino, përzieni uthullën e zezë, qepujt, mustardën, kaperin dhe tarragonin. Përzieni vajin e mbetur të ullirit ekstra të virgjër. Kulloni selinon dhe hidhni gjethet e dafinës.

Vendoseni selinon në një tas dhe grijeni butësisht me thumbat e një piruni. Spërkateni butësisht me boost dhe natrium dhe përzieni mirë. Përfundoni duke shtuar përzierjen e qepëve të njoma dhe vajit të ullirit ekstra të virgjër. Përziejini mirë. Mbajeni të ngrohtë në 70 gradë derisa të jeni gati për t'u shërbyer.

Duke u gëzuar!

Sallatë e djegur e qengjit

Përbërësit

3 kallinj misri të ëmbël

1/2 filxhan qepë të prera në feta

1/2 filxhan piper zile të prerë në feta

1/2 filxhan domate të copëtuara

Kripë, për shije

Për vinegrette

2 lugë gjelle. Vaj ulliri

2 lugë gjelle. Lëng limoni

2 lugë gjelle. Pluhur djegës

Metoda

Kallinjtë e misrit duhet të piqen në nxehtësi mesatare derisa të karbonizohen lehtë. Pas pjekjes, kokrrat e kallirit të misrit duhet të hiqen me thikë. Tani merrni një tas dhe përzieni kokrrat, qepët e grira, specat dhe domatet me kripë dhe mbajeni tasin mënjanë. Tani bëni dressing-in për sallatën duke përzier vajin e ullirit, lëngun e limonit dhe pluhurin e djegës dhe më pas vendoseni në frigorifer. Përpara se ta servirni, hidhni vinegrette mbi sallatën dhe shërbejeni.

Duke u gëzuar!

Sallatë me lakër dhe rrush

Përbërësit

2 lakra, të grira

2 filxhanë rrush jeshil të përgjysmuar

1/2 filxhan koriandër të grirë hollë

2 speca djegës të gjelbër, të grirë hollë

Vaj ulliri

2 lugë gjelle. Lëng limoni

2 lugë gjelle. Sheqer pluhur

Kripë dhe piper për shije

Metoda

Për përgatitjen e salcës, merrni në një enë vajin e ullirit, lëngun e limonit me sheqerin, kripën dhe piperin dhe i përzieni mirë dhe më pas e vendosni në frigorifer. Tani merrni pjesën tjetër të përbërësve në një enë tjetër, përzieni mirë dhe mbajeni mënjanë. Përpara se ta servirni sallatën, shtoni salcën e ftohur dhe hidheni butësisht.

Duke u gëzuar!

sallatë me agrume

Përbërësit

1 filxhan makarona me grurë integrale, të ziera

1/2 filxhan piper zile të prerë në feta

1/2 filxhan karota, të zbardhura dhe të prera

1 qepë jeshile, e grirë hollë

1/2 filxhan portokall, të prerë në copa

1/2 filxhan copa të ëmbël gëlqereje

1 filxhan lakër fasule

1 filxhan gjizë, me pak yndyrë

2-3 lugë gjelle. gjethe menteje

1 C. Pluhur mustarde

2 lugë gjelle. sheqer pluhur

Kripë, për shije

Metoda

Për të përgatitur vinegrette, shtoni gjizën, gjethet e mentes, pluhurin e mustardës, sheqerin dhe kripën në një enë dhe përzieni mirë derisa sheqeri të tretet. Kombinoni pjesën tjetër të përbërësve në një enë tjetër dhe lërini mënjanë të pushojnë. Para se ta shërbeni, shtoni salcën në sallatë dhe shërbejeni të ftohur.

Duke u gëzuar!

Sallatë frutash dhe marule

Përbërësit

2-3 gjethe marule, të grira në copa

1 papaja, në copa

½ filxhan rrush

2 portokall

½ filxhan luleshtrydhe

1 shalqi

2 lugë gjelle. Lëng limoni

1 lugë gjelle. mjaltë

1 C. Piper i kuq thekon

Metoda

Vendosni lëngun e limonit, mjaltin dhe specat djegës në një tas dhe përzieni mirë dhe lërini mënjanë. Tani merrni pjesën tjetër të përbërësve në një enë tjetër dhe përziejini mirë. Para se ta shërbeni, shtoni salcën në sallatë dhe shërbejeni menjëherë.

Duke u gëzuar!

Sallatë me mollë dhe marule

Përbërësit

1/2 filxhan pjepër pure

1 C. Farat e qimnonit, të thekura

1 C. Koriandër

Kripë dhe piper për shije

2-3 marule të grira në copa

1 lakër, e grirë

1 karotë, e grirë në rende

1 spec zile, i prerë në kubikë

2 lugë gjelle. Lëng limoni

½ filxhan rrush, i prerë

2 mollë, të prera

2 qepë të njoma, të grira

Metoda

Vendosni lakrat e Brukselit, marulen, karotat e grira dhe specat në një tenxhere dhe mbulojini me ujë të ftohtë dhe lërini të vlojnë dhe gatuajeni derisa të bëhen krokante, kjo mund të zgjasë deri në 30 minuta. Tani i kullojmë dhe i lidhim në një leckë dhe i vendosim në frigorifer. Tani mollët me lëng limoni duhet të merren në një tas dhe të ftohen. Tani merrni pjesën tjetër të përbërësve në një tas dhe përziejini mirë. Shërbejeni sallatën menjëherë.

Duke u gëzuar!

Sallatë me fasule dhe piper

Përbërësit

1 filxhan fasule të kuqe, të ziera

1 filxhan qiqra, të njomura dhe të gatuara

Vaj ulliri

2 qepë, të grira

1 C. Koriandër, i grirë

1 piper zile

2 lugë gjelle. Lëng limoni

1 C. Pluhur djegës

I kripur

Metoda

Specat shpohen me pirun dhe më pas lyhen me vaj dhe më pas piqen në zjarr të ulët. Tani lagni specat në ujë të ftohtë, hiqni lëkurën e djegur dhe pritini në feta. Përziejini përbërësit e mbetur me paprikën dhe përziejini mirë. Lëreni të ftohet për një orë ose më shumë përpara se ta shërbeni.

Duke shijuar!!

Sallatë me hurma me karrota

Përbërësit

1 ½ filxhan karota, të grira

1 kokë marule

2 lugë gjelle. bajame të thekura dhe të grira

Vinegrette me mjaltë dhe limon

Metoda

Karotat e grira i vendosim në një tigan me ujë të ftohtë, i mbajmë për rreth 10 minuta dhe më pas i kullojmë. Tani e njëjta gjë duhet të përsëritet me kokën e marules. Tani vendosni karotat dhe marulen me përbërësit e tjerë në një tas dhe vendosini në frigorifer përpara se t'i shërbeni. E servirim sallatën të spërkatur me bajame të thekura dhe të grira.

Duke shijuar!!

Salcë sallate me spec kremoz

Përbërësit

2 gota majonezë

1/2 filxhan qumësht

Uji

2 lugë gjelle. uthull musht

2 lugë gjelle. Lëng limoni

2 lugë gjelle. Djathë parmixhano

I kripur

Një copë salcë piper djegës

Një spërkatje me salcë Worcestershire

Metoda

Merrni një tas të madh, mblidhni të gjithë përbërësit në të dhe përziejini mirë që të mos ketë gunga. Kur përzierja të ketë arritur strukturën e dëshiruar kremoze, hidheni në sallatën tuaj të freskët me perime dhe fruta dhe sallata me salcë është gati për t'u shërbyer. Ky salcë me speca kremoz dhe pikant jo vetëm që shkon mirë me sallatat, por mund të shërbehet edhe me mish pule, burger dhe sanduiçe.

Duke u gëzuar!

Sallatë Havai

Përbërësit

Për vinegrette portokalli

Një lugë gjelle. miell misri

Rreth një filxhan kungull portokalli

1/2 filxhan lëng portokalli

Pluhur kanelle

Për sallatën

5-6 gjethe marule

1 ananas i prerë në kubikë

2 banane, të prera në copa

1 kastravec i prerë në kubikë

2 domate

2 portokall, të prerë në copa

4 hurma të zeza

Kripë, për shije

Metoda

Për të përgatitur salcën, merrni një tas dhe përzieni niseshtën e misrit në lëngun e portokallit. Më pas shtoni në tas kungujt e portokalltë dhe gatuajeni derisa të trashet struktura e salcës. Më pas, pluhur kanelle dhe spec djegës duhet të shtohen në tas dhe më pas të vendosen në frigorifer për disa orë. Më pas përgatisni sallatën, vendosni gjethet e marules në një enë dhe vendoseni nën ujë për rreth 15 minuta. Tani vendosni domatet e prera në një tas me pjesët e ananasit, mollës, bananes, kastravecit dhe portokallit me kripë për shije dhe përzieni mirë. Tani shtoni atë në gjethet e marules dhe derdhni salcën e ftohtë mbi sallatën përpara se ta shërbeni.

Duke shijuar!!

Sallatë e djegur e qengjit

Përbërësit

Një pako misër i ëmbël në kalli

1/2 filxhan qepë të prera në feta

1/2 filxhan piper zile të prerë në feta

1/2 filxhan domate të copëtuara

Kripë, për shije

Për vinegrette

Vaj ulliri

Lëng limoni

Pluhur djegës

Metoda

Kallinjtë e misrit duhet të piqen në zjarr mesatar derisa të karbonizohen lehtë, pas pjekjes kokrrat duhet të hiqen nga kallinjtë e misrit me thikë. Tani merrni një tas dhe përzieni kokrrat, qepët e grira, specat dhe domatet me kripë dhe mbajeni tasin mënjanë. Tani bëni dressing-in për sallatën duke përzier vajin e ullirit, lëngun e limonit dhe pluhurin e djegës dhe më pas vendoseni në frigorifer. Përpara se ta servirni, hidhni vinegrette mbi sallatën dhe shërbejeni.

Duke u gëzuar!

Sallatë me lakër dhe rrush

Përbërësit

1 kokë lakër e grirë

Rreth 2 gota rrush jeshil, të përgjysmuar

1/2 filxhan koriandër të grirë hollë

3 speca djegës të gjelbër, të grirë hollë

Vaj ulliri

Lëng limoni, për shije

Sheqer pluhur, për shije

Kripë dhe piper për shije

Metoda

Për përgatitjen e salcës, merrni në një enë vajin e ullirit, lëngun e limonit me sheqerin, kripën dhe piperin dhe i përzieni mirë dhe më pas e vendosni në frigorifer. Tani vendosni pjesën tjetër të përbërësve në një enë tjetër dhe mbajeni mënjanë. Përpara se ta servirni sallatën, shtoni salcën e ftohur dhe hidheni butësisht.

Duke shijuar!!

sallatë me agrume

Përbërësit

Rreth një filxhan makarona me grurë integrale, të gatuara

1/2 filxhan piper zile të prerë në feta

1/2 filxhan karota, të zbardhura dhe të prera

Qepe pranverore. i copëtuar

1/2 filxhan portokall, të prerë në copa

1/2 filxhan copa të ëmbël gëlqereje

Një filxhan fasule mbin

Rreth një filxhan gjizë, me pak yndyrë

2-3 lugë gjelle. gjethe menteje

Pluhur mustardë, për shije

Sheqer pluhur, për shije

I kripur

Metoda

Për të përgatitur vinegrette, shtoni gjizën, gjethet e mentes, pluhurin e mustardës, sheqerin dhe kripën në një enë dhe përzieni mirë. Tani përzieni pjesën tjetër të përbërësve në një enë tjetër dhe lëreni mënjanë të pushojë. Para se ta shërbeni, shtoni salcën në sallatë dhe shërbejeni të ftohur.

Duke shijuar!!

Sallatë frutash dhe marule

Përbërësit

4 gjethe marule, të grira në copa

1 papaja, në copa

1 filxhan rrush

2 portokall

1 filxhan luleshtrydhe

1 shalqi

½ filxhan lëng limoni

1 C. E dashur e ëmbël

1 C. Piper i kuq thekon

Metoda

Vendosni lëngun e limonit, mjaltin dhe specat djegës në një tas dhe përzieni mirë dhe lërini mënjanë. Tani merrni pjesën tjetër të përbërësve në një enë tjetër dhe përziejini mirë. Para se ta servirni, shtoni vinegrette në sallatë.

Duke u gëzuar!

Sallatë pule-kari

Përbërësit

2 gjoks pule pa lëkurë, të ziera dhe të përgjysmuara

3-4 bishta selino, të grira

1/2 filxhan majonezë, me pak yndyrë

2-3 lugë gjelle. pluhur kerri

Metoda

Merrni gjoksin e gatuar të pulës pa lëkurë me përbërësit e mbetur, selinon, majonezën me pak yndyrë, pluhur kerri në enë me madhësi mesatare dhe përziejini mirë. Kështu që kjo recetë e shijshme dhe e lehtë është gati për t'u servirur. Kjo sallatë mund të përdoret si një mbushje sanduiç me marule mbi bukë.

Duke shijuar!!

Sallatë me spinaq me luleshtrydhe

Përbërësit

2 lugë gjelle. Farat e susamit

2 lugë gjelle. lulëkuqe

2 lugë gjelle. Sheqer i bardhe

Vaj ulliri

2 lugë gjelle. Piper zile

2 lugë gjelle. uthull të bardhë

2 lugë gjelle. Salcë Worcestershire

Qepë e copëtuar

Spinaqi, i shpëlarë dhe i grirë në copa

Një litër luleshtrydhe, të prera në copa

Më pak se një filxhan me bajame, të argjenduara dhe të zbardhura

Metoda

Merrni një tas me madhësi të mesme; përzieni farat e lulekuqes, farat e susamit, sheqerin, vajin e ullirit, uthullën dhe paprikën me salcën Worcestershire dhe qepën. I përziejmë mirë dhe i mbulojmë, më pas i ngrijmë për të paktën një orë. Merrni një enë tjetër dhe përzieni së bashku spinaqin, luleshtrydhet dhe bajamet, hidhni përzierjen e erëzave dhe vendoseni sallatën në frigorifer për të paktën 15 minuta përpara se ta shërbeni.

Duke u gëzuar!

Sallatë e ëmbël lakër në restorant

Përbërësit

Një qese prej 16 ons me përzierje sallate lakër

1 qepë, e grirë

Më pak se një filxhan salcë kremoze

Vaj perimesh

1/2 filxhan sheqer të bardhë

I kripur

lulëkuqe

uthull të bardhë

Metoda

Merrni një tas të madh; përzieni përzierjen e salcës së lakërit dhe qepëve së bashku. Tani merrni një enë tjetër dhe përzieni së bashku salcën, vajin vegjetal, uthullën, sheqerin, kripën dhe farat e lulekuqes. Pasi i përziejmë mirë, masën e shtojmë në masën e sallatave dhe e lyejmë mirë. Para se ta servirni sallatën e shijshme, mbajeni në frigorifer për të paktën një ose dy orë.

Duke u gëzuar!

Sallatë klasike me makarona

Përbërësit

4 filxhanë makarona me bërryl, të paziera

1 filxhan majonezë

Më pak se një filxhan uthull të bardhë të distiluar

1 filxhan sheqer të bardhë

1 C. mustardë e verdhë

I kripur

Piper i zi, i bluar

Një qepë e madhe, e grirë hollë

Rreth një filxhan karota të grira

2-3 bishta selino

2 speca djegës, të grira hollë

Metoda

Merrni një tigan të madh dhe hidhni pak ujë të kripur në të dhe vendoseni të vlojë, shtoni makaronat dhe ziejini dhe lëreni të ftohet për rreth 10 minuta më pas kullojeni. Tani merrni një tas të madh dhe shtoni uthullën, majonezën, sheqerin, uthullën, mustardën, kripën dhe piperin dhe përziejini mirë. Kur gjithçka të jetë përzier mirë, shtoni selinon, specat e gjelbër, ftonjtë, karotat dhe makaronat dhe përziejini përsëri mirë. Kur të gjithë përbërësit të jenë përzier mirë, lëreni të qëndrojë në frigorifer për të paktën 4-5 orë përpara se ta servirni sallatën e shijshme.

Duke u gëzuar!

Sallatë me dardhë me djathë Roquefort

Përbërësit

Marule, e grirë në copa

Rreth 3-4 dardha të qëruara dhe të prera

Një kuti me djathë Roquefort të grirë ose të thërrmuar

Qepë të njoma, të prera në feta

Rreth një filxhan sheqer të bardhë

1/2 kanaçe pecans

Vaj ulliri

2 lugë gjelle. Uthull vere e kuqe

Mustardë, për shije

Një thelpi hudhër

Kripë dhe piper të zi, për shije

Metoda

Merrni një tenxhere dhe ngrohni vajin në zjarr mesatar, më pas përzieni sheqerin me pecanët dhe vazhdoni të trazoni derisa sheqeri të shkrihet dhe pecanët të karamelizohen, më pas lërini të ftohen. Tani merrni një enë tjetër dhe shtoni vajin, uthullën, sheqerin, mustardën, hudhrën, kripën dhe piperin e zi dhe përziejini mirë. Tani bashkoni marulen, dardhat dhe djathin blu, avokadon dhe qepët e njoma në një tas, më pas shtoni përzierjen e salcës, spërkatni me pekan të karamelizuar dhe shërbejeni.

Duke shijuar!!

Sallatë me ton Barbie

Përbërësit

Një kanaçe me ton albacore

½ filxhan majonezë

Një lugë gjelle. Djathë parmixhano

Turshi e ëmbël, për shije

Thekon qepë, për shije

Pluhur kerri, për shije

Majdanoz i tharë, për shije

Kopër e thatë, për shije

Hudhra pluhur, për shije

Metoda

Merrni një tas dhe shtoni të gjithë përbërësit dhe përzieni mirë. Lërini të ftohen për një orë përpara se t'i shërbeni.

Duke shijuar!!

Sallatë me pulë për pushime

Përbërësit

1 kile mish pule, i gatuar

Një filxhan majonezë

një spec C.

Rreth dy gota me boronica të thata

2 qepë të njoma, të grira hollë

2 speca jeshil të grirë hollë

1 filxhan pekan, të copëtuara

Kripë dhe piper të zi, për shije

Metoda

Merrni një tas me madhësi mesatare, përzieni majonezën, specin e kuq dhe aromatizoni sipas shijes dhe shtoni kripë nëse është e nevojshme. Tani merrni boronicat, selinon, specat, qepët dhe arrat dhe përziejini mirë. Tani duhet të shtohet pula e zier dhe më pas të përzihet sërish mirë. E rregullojmë sipas shijes dhe nëse është e nevojshme shtojmë piper të zi të bluar. Lëreni të ftohet për të paktën një orë përpara se ta shërbeni.

Duke shijuar!!

Sallatë me fasule meksikane

Përbërësit

Një kanaçe me fasule të zeza

Një kanaçe me fasule të kuqe

Një kanaçe me fasule cannelini

2 speca jeshil të grirë hollë

2 speca të kuq

Një pako me kokrra misri të ngrirë

1 qepë e kuqe, e grirë hollë

Vaj ulliri

1 lugë gjelle. Uthull vere e kuqe

½ filxhan lëng limoni

I kripur

1 hudhër, e grirë

1 lugë gjelle. Koriandër

1 C. Qimnon i bluar

Piper i zi

1 C. Salcë piper

1 C. Pluhur djegës

Metoda

Merrni një tas dhe përzieni së bashku fasulet, specat, misrin e ngrirë dhe qepët e kuqe. Tani merrni një enë tjetër të vogël, përzieni vajin, uthullën e verës së kuqe, lëngun e limonit, koriandërin, qimnonin, piperin e zi, i rregulloni dhe shtoni salcën djegëse me pluhurin e djegës. Shtoni masën e salcës dhe përzieni mirë. Lërini të ftohen për rreth një ose dy orë përpara se t'i shërbeni.

Duke shijuar!!

Sallatë me makarona me Bacon Ranch

Përbërësit

Një kuti me makarona rotini trengjyrësh të papjekura

9-10 feta proshutë

Një filxhan majonezë

Përzierje veshjesh

1 C. pluhur hudhre

1 C. Piper hudhër

1/2 filxhan qumësht

1 domate, në copa

Një kanaçe me ullinj të zinj

Një filxhan djathë çedër, i grirë në rende

Metoda

Merrni ujë të kripur në një tenxhere dhe lëreni të vlojë. Ziejini makaronat në të derisa të zbuten për rreth 8 minuta. Tani merrni një tigan dhe ngrohni vajin në një tigan dhe skuqni shiritat e proshutës në të. Pasi të jenë gatuar, kullojini dhe copëtoni. Merrni një enë tjetër dhe shtoni pjesën tjetër të përbërësve dhe shtoni makaronat dhe proshutën. Shërbejeni kur të përzihet mirë.

Duke shijuar!!

Sallatë me patate me lëkurë të kuqe

Përbërësit

4 patate te reja te kuqe te pastruara dhe te lara

2 vezë

Një kile proshutë

Qepë, e grirë imët

Një kërcell selino, i grirë imët

Rreth 2 gota majonezë

Kripë dhe piper për shije

Metoda

Hidhni ujë me kripë në një tigan dhe lëreni të vlojë, më pas shtoni patatet e reja në tigan dhe gatuajeni për rreth 15 minuta, derisa të zbuten. Më pas kullojini patatet dhe lërini të ftohen. Tani i marrim vezët në një tigan dhe i mbulojmë me ujë të ftohtë, më pas e vendosim ujin të vlojë, e largojmë tiganin nga zjarri dhe e lëmë mënjanë. Gatuani shiritat e proshutës, kullojini dhe lërini mënjanë. Tani shtoni dhe përbërësit me patatet dhe proshutën dhe përziejini mirë. Ftoheni dhe shërbejeni.

Duke shijuar!!

Sallatë me fasule të zeza dhe kuskus

Përbërësit

Një filxhan kuskus, i papjekur

Rreth dy gota lëng pule

Vaj ulliri

2-3 lugë gjelle. Lëng gëlqereje

2-3 lugë gjelle. Uthull vere e kuqe

Qimnon

2 qepë të njoma, të grira

1 spec i kuq zile, i grire holle

Koriandër, i freskët i grirë

Një filxhan me kokrra misri të ngrirë

Dy kanaçe fasule të zeza

Kripë dhe piper për shije

Metoda

Ziejmë lëngun e pulës, e përziejmë kuskusin, e ziejmë nën tigan dhe e lëmë mënjanë. Tani përzieni vajin e ullirit, lëngun e limonit, uthullën dhe qimnonin dhe shtoni qepët, piperin, korianderin, misrin, fasulet dhe gëzofin. Tani përzieni të gjithë përbërësit së bashku dhe lëreni të ftohet për disa orë përpara se ta shërbeni.

Duke shijuar!!

Sallatë me pula greke

Përbërësit

2 gota mish pule, të zier

1/2 filxhan karota, të prera në feta

1/2 filxhan kastravec

Rreth një filxhan ullinj të zinj, të copëtuar

Rreth një filxhan djathë feta, i grirë ose i grimcuar

Veshje italiane

Metoda

Merrni një tas të madh, merrni pulën e gatuar, karotat, kastravecin, ullinjtë dhe djathin dhe përziejini mirë. Tani shtoni përzierjen e salcës dhe përzieni përsëri mirë. Tani vendoseni tasin në frigorifer dhe mbulojeni. Shërbejeni të ftohtë.

Duke shijuar!!

Sallatë e shijshme me pulë

Përbërësit

½ filxhan majonezë

2 lugë gjelle. uthull musht

1 hudhër, e grirë

1 C. Kopër e freskët, e grirë hollë

Një kilogram gjoks pule të gatuar pa lëkurë dhe pa kocka

½ filxhan djathë feta, i grirë

1 spec i kuq zile

Metoda

Majoneza, uthulla, hudhra dhe kopra duhet të përzihen mirë dhe të vendosen në frigorifer për të paktën 6-7 orë ose gjatë gjithë natës. Tani mishi i pulës, specat dhe djathi duhet të hidhen dhe më pas të lihen të ftohen për disa orë dhe më pas të servirni recetën e sallatës së shëndetshme dhe të shijshme.

Duke shijuar!!

Sallatë me kerri me pulë me fruta

Përbërësit

4-5 gjoks pule, të ziera

Një kërcell selino, i grirë imët

Qepe te njoma

Rreth një filxhan rrush të artë

Mollë e qëruar dhe e prerë në feta

Pecans, të thekur

Rrushi jeshil, i prerë dhe i përgjysmuar

pluhur kerri

Një filxhan majonezë me pak yndyrë

Metoda

Merrni një tas të madh dhe merrni të gjithë përbërësit si selino, qepë, rrush të thatë, mollë të prera në feta, pekan të thekur, rrush jeshil pa fara me pluhur kerri dhe majonezë dhe përziejini mirë. Pasi të jenë përzier mirë, lërini të pushojnë për disa minuta dhe servirini sallatën e shijshme dhe të shëndetshme të pulës.

Duke shijuar!!

Sallatë e shijshme me kerri pule

Përbërësit

Rreth 4-5 gjoks pule pa lëkurë, pa kocka, të përgjysmuara

Një filxhan majonezë

Rreth një filxhan chutney

një pluhur karri C.

Rreth një shek. piper

Pecans, rreth një filxhan, të copëtuar

1 filxhan rrush, i prerë dhe i përgjysmuar

1/2 filxhan qepë, të grira hollë

Metoda

Merrni një tigan të madh, ziejini në të filetot e pulës për rreth 10 minuta dhe kur të jenë gati, grijini ato në copa me pirun. Më pas i kullojmë dhe i lëmë të ftohen. Tani merrni një enë tjetër dhe shtoni majonezën, chutney-n, pluhurin e kerit dhe piperin dhe përziejini gjithçka. Më pas hidhni në masë gjoksin e pulës të gatuar dhe të grirë dhe shtoni pekanët, pluhurin e kerit dhe piperin. Lëreni sallatën në frigorifer për disa orë përpara se ta shërbeni. Kjo sallatë është një zgjedhje ideale për burgers dhe sanduiçe.

Duke u gëzuar!

Sallatë me karrota pikante

Përbërësit

2 karota, të grira

1 hudhër, e grirë

Rreth një gotë ujë 2-3 lugë gjelle. Lëng limoni

Vaj ulliri

Kripë, për shije

Piper për shije

thekon piper të kuq

Majdanoz i freskët dhe i grirë

Metoda

Vendosni karotat në mikrovalë dhe ziejini për disa minuta së bashku me hudhrat e grira dhe ujin. Hiqeni nga mikrovala kur karota të jetë e butë dhe e butë. Më pas kullojmë karotat dhe i lëmë mënjanë. Tani lëngu i limonit, vaji i ullirit, thekat e piperit, kripë dhe majdanoz duhet të shtohen në tasin me karota dhe të përzihen mirë. Lëreni të ftohet për disa orë dhe sallata e shijshme pikante është gati për t'u servirur.

Duke shijuar!!

Sallatë me mollë aziatike

Përbërësit

2-3 lugë gjelle. Uthull orizi 2-3 lugë gjelle. Lëng gëlqereje

Kripë, për shije

Sheqeri

1 C. salcë peshku

1 jicama julienned

1 mollë, në copa

2 qepë të njoma, të grira hollë

monedhë

Metoda

Uthulla e orizit, kripa, sheqeri, lëngu i limonit dhe salca e peshkut duhet të përzihen mirë në një tas me madhësi mesatare. Kur të përzihen mirë, xhikamat julienne duhet të përzihen me mollët e grira në tas dhe të hidhen mirë. Më pas duhet të shtohen qepujt dhe nenexhiku dhe të përzihen. Përpara se ta shërbeni sallatën me sanduiçin ose burgerin, lëreni të ftohet.

Duke shijuar!!

Sallatë me kunguj dhe orzo

Përbërësit

1 kungull i njomë

2 qepë të njoma, të grira

1 kungull i verdhe

Vaj ulliri

Një kuti me orzo të gatuar

kopër

Majdanoz

½ filxhan djathë dhie, i grirë në rende

Piper dhe kripë për shije

Metoda

Kungull i njomë, qepët e gjelbra të copëtuara me kunguj të verdhë duhet të skuqen në vaj ulliri në nxehtësi mesatare. Këto duhet të zihen për disa minuta derisa të zbuten. Tani i vendosim në një tas dhe në tas hedhim orzonë e gatuar, së bashku me majdanozin, djathin e grirë të dhisë, koprën, kripën dhe piperin dhe i hedhim sërish. Lëreni sallatën të ftohet për disa orë përpara se ta shërbeni.

Duke shijuar!!

Sallatë me lakërishtë me fruta

Përbërësit

1 shalqi, i prerë në kubikë

2 pjeshkë të prera në katër pjesë

1 tufë lakërishtë

Vaj ulliri

½ filxhan lëng limoni

Kripë, për shije

Piper për shije

Metoda

Kubet e shalqinit dhe copat e pjeshkës duhet të hidhen në një tas mesatar me lakërishtë, më pas të lyhen me vaj ulliri dhe lëng gëlqereje. Më pas i rregullojmë sipas shijes dhe i shtojmë kripë e piper sipas shijes. Kur të gjithë përbërësit të jenë përzier lehtë dhe mirë, të lihen mënjanë ose gjithashtu të vendosen në frigorifer për disa orë, atëherë sallata e frutave me shije të mrekullueshme të shëndetshme është gati për t'u shërbyer.

Duke shijuar!!

Sallatë Cezar

Përbërësit

3 thelpinj hudhre, te grira

3 Açuga

½ filxhan lëng limoni

1 C. Salcë Worcestershire

Vaj ulliri

Një e verdhë veze

1 filxhan romak

½ filxhan djathë parmixhano, i grirë

Krutonët

Metoda

Thelpinj hudhër të copëtuar me açuge dhe lëng limoni duhet të grihen, më pas duhet t'i shtohet salca Worcestershire së bashku me kripën, piper dhe të verdhën e verdhë dhe përziejeni përsëri derisa të jetë e qetë. Kjo përzierje duhet të bëhet me mikser në temperaturë të ngadaltë, tani vaji i ullirit duhet të shtohet ngadalë dhe gradualisht, pastaj duhet të hidhet romaine. Pas kësaj, përzierja duhet të lihet mënjanë për ca kohë. Shërbejeni sallatën me një garniturë me djathë parmixhano dhe krutona.

Duke shijuar!!

Sallatë me pulë me mango

Përbërësit

2 gjokse pule, pa kocka, te prera ne copa

Mesclun jeshil

2 mango, të prera në kubikë

¼ filxhan lëng limoni

1 C. Xhenxhefil i grirë

2 lugë gjelle. mjaltë

Vaj ulliri

Metoda

Lëngu i limonit dhe mjalti duhet të rrahen në një tas, pastaj shtoni xhenxhefil të grirë dhe vaj ulliri në të. Pasi i përziejmë mirë përbërësit në enë, e mbajmë mënjanë. Pas kësaj, pula duhet të piqet në skarë, më pas të lihet të ftohet dhe pasi të ftohet, grisni pulën në kube të përshtatshme për përdoruesit. Më pas hiqeni pulën nga tasi dhe përzieni mirë me zarzavate dhe mango. Pasi i përzieni mirë të gjithë përbërësit, e lini mënjanë të ftohet dhe e servirni sallatën e shijshme dhe interesante.

Duke shijuar!!

Sallatë portokalli me mocarela

Përbërësit

2-3 portokall të prerë në feta

Mocarela

Gjethet e borzilokut të freskët, të grira në copa

Vaj ulliri

Kripë, për shije

Piper për shije

Metoda

Mocarela dhe fetat e portokallit përzihen me gjethet e borzilokut të freskët të grisura. Pasi e përzieni mirë, hidhni vaj ulliri mbi përzierjen dhe e rregulloni sipas shijes. Më pas shtoni kripë dhe piper për shije nëse është e nevojshme. Lëreni sallatën të ftohet për disa orë përpara se ta shërbeni, kjo do t'i japë sallatës shijet e duhura.

Duke shijuar!!

Sallatë me tre fasule

Përbërësit

1/2 filxhan uthull musht

Rreth një filxhan sheqer

Një filxhan vaj vegjetal

Kripë, për shije

½ filxhan fasule jeshile

½ filxhan fasule dylli

½ filxhan fasule të kuqe

2 qepë të kuqe, të grira hollë

Kripë dhe piper për shije

gjethet e majdanozit

Metoda

Uthulla e mollës me vaj vegjetal, sheqer dhe kripë duhet të vendoset në një tenxhere dhe të ziejë, pastaj shtoni fasulet me qepë të kuqe të copëtuara në të, pastaj marinoni për të paktën një orë. Pas një ore, kriposeni, shtoni kripë dhe piper nëse është e nevojshme dhe shërbejeni me majdanoz të freskët.

Duke shijuar!!

Sallatë Miso tofu

Përbërësit

1 C. Xhenxhefil i grirë imët

3-4 lugë gjelle. miso

Uji

1 lugë gjelle. uthull vere orizi

1 C. Salcë soje

1 C. Pastë djegës

1/2 filxhan vaj kikiriku

1 spinaq bebe, i grire holle

½ filxhan tofu, i prerë në copa

Metoda

Xhenxhefili i copëtuar duhet të bëhet pure me miso, ujë, uthull vere orizi, salcë soje dhe paste djegës. Më pas kjo përzierje duhet të përzihet me gjysmë filxhani vaj kikiriku. Pasi të jenë përzier mirë, shtoni tofu të prerë në kubikë dhe spinaqin e grirë. Ftoheni dhe shërbejeni.

Duke shijuar!!

Sallatë japoneze me rrepkë

Përbërësit

1 shalqi, i prerë në feta

1 rrepkë, e prerë në feta

1 qepe

1 tufë lastarësh të rinj

Mirin

1 C. uthull vere orizi

1 C. Salcë soje

1 C. Xhenxhefil i grirë

I kripur

vaj susami

Vaj perimesh

Metoda

Merrni shalqininin, rrepkën me qepë dhe zarzavate në një tas dhe mbajini mënjanë. Tani merrni një enë tjetër, shtoni mirin, uthull, kripë, xhenxhefil të grirë, salcë soje me vaj susami dhe vaj vegjetal dhe përzieni mirë. Kur përbërësit në tas të jenë përzier mirë, ndajeni këtë përzierje mbi tasin me shalqinj dhe rrepka. Kështu, sallata interesante, por shumë e shijshme është gati për t'u servirur.

Duke shijuar!!

Jugperëndimore Cobb

Përbërësit

1 filxhan majonezë

1 filxhan dhallë

1 C. Salcë e nxehtë Worcestershire

1 C. Koriandër

3 qepë të njoma

1 lugë gjelle. lëvozhgë portokalli

1 hudhër, e grirë

1 filxhan romak

1 avokado, e prerë në kubikë

jicama

½ filxhan Djathë i mprehtë, i grirë ose i grimcuar

2 portokall, të prerë në copa

Kripë, për shije

Metoda

Majoneza dhe dhalla duhet të zihen me salcë të nxehtë Worcestershire, qepë të njoma, lëkurë portokalli, koriandër, hudhër të grirë dhe kripë. Tani merrni një tas tjetër dhe përzieni romën, avokadon dhe xhikamat me portokallet dhe djathin e grirë. Tani derdhni purenë e dhallës mbi tasin me portokall dhe lëreni mënjanë përpara se ta shërbeni për të marrë shijen e duhur të sallatës.

Duke shijuar!!

Makarona Caprese

Përbërësit

1 pako fusilli

1 filxhan mocarela, e prerë në kubikë

2 domate, të prera dhe të grira

Gjethet e freskëta të borzilokut

¼ filxhan arra pishe, të thekura

1 hudhër, e grirë

Kripë dhe piper për shije

Metoda

Fusilli duhet të zihet sipas udhëzimeve dhe më pas të ruhet në frigorifer. Pasi të jetë ftohur, i hidhni mocarela, domatet, arra pishe të thekura, hudhrat e grira dhe gjethet e borzilokut dhe i rregulloni sipas shijes, duke shtuar kripë dhe piper sipas nevojës. Lëreni mënjanë të gjithë përzierjen e sallatës që të ftohet, më pas shërbejeni me sanduiçët ose burgerët ose ndonjë nga vaktet tuaja.

Duke shijuar!!

Sallatë me troftë të tymosur

Përbërësit

2 lugë gjelle. uthull musht

Vaj ulliri

2 qepe, të grira

1 C. Rrikë

1 C. mustardë Dijon

1 C. E dashur e ëmbël

Kripë dhe piper për shije

1 kanaçe troftë e tymosur, e grirë

2 mollë, të prera në feta

2 panxhar të prerë në feta

Anije kozmike

Metoda

Merrni një tas të madh dhe përzieni troftën e tymosur të thërrmuar me julienat e mollëve, panxharit dhe rukolës dhe lëreni tasin mënjanë. Tani merrni një enë tjetër dhe përzieni së bashku uthullën e mushtit, vajin e ullirit, rrikën, qepujt e grirë hollë, mjaltin dhe mustardën Dijon, e rregulloni masën dhe shtoni kripë dhe piper nëse është e nevojshme, sipas shijes tuaj. Tani merrni këtë përzierje dhe hidheni mbi tasin me mollët julienne dhe përzieni mirë dhe shërbejeni sallatën.

Duke shijuar!!

sallatë me vezë me fasule

Përbërësit

1 filxhan bishtaja, të zbardhura

2 rrepka, të prera në feta

2 vezë

Vaj ulliri

Kripë dhe piper për shije

Metoda

Vezët duhet të zihen fillimisht, pastaj të përzihen me bishtaja të zbardhura, rrepkë të prerë në feta. I përziejmë mirë, i lyejmë me vaj ulliri dhe i hedhim kripë dhe piper sipas shijes. Pasi të gjithë përbërësit të jenë përzier mirë, mbajini mënjanë dhe lërini të ftohen. Kur masa të jetë ftohur, sallata është gati për t'u shërbyer.

Duke shijuar!!

Sallatë Ambros

Përbërësit

1 filxhan qumësht kokosi

2-3 feta lëvozhgë portokalli

Disa pika esencë vanilje

1 filxhan rrush i prerë në feta

2 mandarina, të prera në feta

2 mollë, të prera në feta

1 kokos i grirë dhe i thekur

10-12 arra të shtypura

Metoda

Merrni një tas me madhësi mesatare dhe përzieni qumështin e kokosit, lëkurën e portokallit me esencën e vaniljes. Pasi të jenë rrahur mirë, shtoni mandarinën e prerë në feta së bashku me mollët dhe rrushin e prerë në feta. Pasi i përzieni mirë të gjithë përbërësit, vendoseni në frigorifer për një ose dy orë përpara se ta servirni sallatën e shijshme. Kur sallata të jetë ftohur, shërbejeni sallatën me një sanduiç ose burger.

Duke shijuar!!

Sallatë çerek

Përbërësit

Një filxhan majonezë

Një filxhan djathë blu

1/2 filxhan dhallë

një qepe

Lëkura e limonit

Salcë Worcestershire

Gjethet e freskëta të majdanozit

Pykat e ajsbergut

1 vezë e zier fort

1 filxhan proshutë, të grimcuar

Kripë dhe piper për shije

Metoda

Majoneza me djathë blu, dhallë, qepe, salcë, lëkurë limoni dhe majdanoz bëhen pure. Pasi të keni bërë purenë e rregulloni sipas shijes dhe nëse është e nevojshme shtoni kripë dhe piper sipas dëshirës. Tani merrni një tas tjetër dhe hidhni pykat e ajsbergut në tasin me vezën e djallëzuar në mënyrë që veza e djallëzuar të njollosë vezët e ziera fort përmes kullesës. Tani derdhni majonezën e pure mbi tasin me pykë dhe mimozë dhe përzieni mirë. Sallata shërbehet duke lyer sipër proshutën e freskët.

Duke shijuar!!

Sallatë spanjolle djegës

Përbërësit

3 qepë të njoma

4-5 ullinj

2 speca

2 lugë gjelle. uthull sheri

1 kokë paprika, e tymosur

1 filxhan romak

1 grusht bajame

Një thelpi hudhër

Feta buke

Metoda

Qepët e njoma duhet të piqen në skarë dhe më pas të grihen. Tani merrni një tas tjetër dhe përzieni specat djegës dhe ullinjtë me bajamet, paprikën e tymosur, uthullën, romën dhe qepët e njoma të pjekura në skarë dhe të prera në feta. Përziejini mirë përbërësit në tas dhe lërini mënjanë. Tani fetat e bukës duhet të thehen dhe kur të thehen thelpinjtë e hudhrës duhet të fërkohen sipër fetave dhe më pas derdhni përzierjen e specit djegës mbi simitet e thekur.

Duke shijuar!!

sallatë me mimozë

Përbërësit

2 vezë, të ziera fort

½ filxhan gjalpë

1 kokë marule

uthullën

Vaj ulliri

Barishte, mish i grirë

Metoda

Merrni një tas mesatar dhe përzieni marulen, gjalpin me uthull, vaj ulliri dhe barishte të grira. Pasi përzieni plotësisht përbërësit në tas, lëreni enën mënjanë për pak kohë. Ndërkohë mimoza duhet të përgatitet. Për të përgatitur mimozën duhet që fillimisht të qërohen vezët e ziera dhe më pas me anë të një sitë të filtrohen vezët e ziera dhe veza e mimozës është gati.

Tani kjo vezë mimozë duhet të hidhet mbi tasin e sallatës përpara se të shërbeni sallatën e shijshme të mimozës.

Duke shijuar!!

Klasik Waldorf

Përbërësit

1/2 filxhan majonezë

2-3 lugë gjelle. salcë kosi

2 qiqra

2-3 lugë gjelle. Majdanoz

1 lëkurë dhe lëng limoni

Sheqeri

2 mollë, të prera

1 kërcell selino të grirë hollë

shënim

Metoda

Më pas merrni një tas me majonezë, kosi rrihet me qiqrat, lëvore dhe lëng limoni, majdanoz, piper dhe sheqer. Pasi përbërësit në tas të jenë përzier mirë, lërini mënjanë. Tani merrni një enë tjetër dhe përzieni në të mollët, selinon e copëtuar dhe arrat. Tani merrni përzierjen e majonezës dhe përzieni me mollët dhe selinon. Përziejini mirë të gjithë përbërësit, lëreni tasin të qëndrojë për pak dhe më pas shërbejeni sallatën.

Duke shijuar!!

Sallatë bizele me sy të zinj

Përbërësit

Lëng gëlqereje

1 hudhër, e grirë

1 C. Qimnon i bluar

I kripur

Koriandër

Vaj ulliri

1 filxhan bizele me sy të zinj

1 jalapeno, e grirë hollë ose e bërë pure

2 domate të prera në kubikë

2 qepë të kuqe, të grira hollë

2 avokate

Metoda

Lëngu i limonit rrihet me hudhër, qimnon, koriandër, kripë dhe vaj ulliri. Pasi të gjithë këta përbërës të jenë përzier mirë, përzieni këtë përzierje me jalapenos të grimcuar, bizele syzeza, avokado dhe qepë të kuqe të grira hollë. Kur të gjithë përbërësit të jenë përzier mirë, lëreni sallatën të pushojë për disa minuta dhe shërbejeni.

Duke shijuar!!

Fatosh

Përbërësit:

Ndryshoni porcionet

2 bukë pita

8 gjethe marule rome, të grira në copa sa një kafshatë

2 qepë të njoma, të grira

1 kastravec, në copa

3 domate të prera në katërsh

1 thelpi hudhër, të qëruar dhe të grirë hollë

2 lugë gjelle. pluhur sumaku

¼ filxhan lëng limoni

¼ filxhan vaj ulliri

1 C. Kripë

kundër piperit të zi të bluar

¼ filxhan gjethe menteje të copëtuara

Metoda

Ngrohni furrën në 350 gradë F, 175 gradë C. Pjekni patatet e skuqura pita në furrën e parangrohur për 5 deri në 10 minuta derisa të bëhen të freskëta. Pritini në copa sa një kafshatë. Në një tas të madh, kombinoni patate të skuqura pita të thekura, qepët e njoma, marule rome, kastravec dhe domate. Shërbejeni menjëherë.

Duke u gëzuar!

Sallatë me dardhë të thartë dhe djathë blu

Përbërësit

1/3 filxhan ketchup

½ filxhan uthull të bardhë të distiluar

¾ filxhan sheqer të bardhë

2 lugë gjelle. I kripur

1 filxhan vaj kanola

2 koka marule rome, të grira hollë

4 ons djathë blu të thërrmuar

2 dardha të qëruara, të prera dhe të prera

½ filxhan arra të thekura të copëtuara

½ qepë e kuqe, e copëtuar

Metoda

Në një tas të vogël, ketchup-i, sheqeri, uthulla dhe kripa përzihen mirë.

Shtoni gradualisht vajin, duke e përzier vazhdimisht, derisa të përzihet mirë.

Në një tas të madh për servirje, kombinoni marulen, djathin blu, dardhat,

arrat dhe qepën e kuqe. Hidhni dressing mbi sallatë dhe hidheni në shtresë.

Duke u gëzuar!

Sallatë italiane pikante

Përbërësit:

½ filxhan vaj kanola

1/3 filxhan uthull tarragon

1 lugë gjelle. Sheqer i bardhe

1 spec i kuq zile, i prerë në rripa

1 karotë e grirë

1 qepë e kuqe e grirë hollë

¼ filxhani ullinj të zinj

¼ filxhan ullinj jeshil pa koriza

½ filxhan kastravec të prerë në feta

2 lugë gjelle. Djathë romano i grirë

Piper i zi i bluar sipas shijes

Metoda

Në një enë mesatare, kombinoni vajin e kanolës, sheqerin, mustardën e thatë, trumzën dhe hudhrën në një tas. Në një tas të madh, kombinoni marulen, specin e kuq zile, karotën, qepën e kuqe, zemrat e artiçokut, ullinjtë e zinj, ullinjtë jeshil, kastravecin dhe djathin Romano. Lëreni në frigorifer për 4 orë ose gjatë natës. I rregullojmë me kripë dhe piper. Shërbejeni të freskët.

Duke u gëzuar!

Sallatë Cezari II

Përbërësit:

1 kokë marule rome

2 gota krutona

1 lëng limoni

1 pjatë salcë Worcestershire

6 thelpinj hudhre, te grira

1 lugë gjelle. mustardë Dijon

½ filxhan vaj ulliri

¼ filxhan djathë parmixhano të grirë

Metoda

Thërrmoni krutonët në një tas të thellë përzierjeje. Të rezervosh. Përzieni mustardën, lëngun e limonit dhe salcën Worcestershire në një tas. Përziejini tërësisht në një blender dhe shtoni ngadalë vaj ulliri derisa të bëhet krem.

Hidhni salcën mbi marule. Shtoni krutonët dhe djathin dhe përzieni mirë.

Shërbejeni menjëherë.

Duke u gëzuar!

Sallatë me proshuto, dardhë dhe arra të karamelizuara

Përbërësit:

2 gota lëng portokalli

2 lugë gjelle. Uthull vere e kuqe

2 lugë gjelle. qepë e kuqe e grirë imët

1 lugë gjelle. Sheqer i bardhe

1 lugë gjelle. verë e Bardhë

1 filxhan gjysma arre

½ filxhan sheqer të bardhë

¼ filxhan ujë

¾ filxhan vaj ulliri ekstra të virgjër

1 lugë gjelle. Gjalpë

2 dardha - të qëruara, të prera dhe të prera në katër pjesë

Proshuto, e prerë hollë - 1/4 lb

2 zemra rome, të shpëlarë dhe të grisura

Metoda

Në një tenxhere të mesme, fillimisht ngrohni lëngun e portokallit mbi nxehtësinë mesatare, duke e përzier shpesh, derisa të zvogëlohet me 1/4. Shtoni në blender së bashku me uthullën, qepën, sheqerin, verën, kripën dhe piperin. Shkrini gjalpin në një tigan që nuk ngjit mbi nxehtësinë mesatare duke e përzier me shpejtësi të ulët, hiqeni kapakun dhe spërkateni ngadalë me vaj ulliri për të emulsifikuar salcën. Shtoni sheqerin dhe ujin dhe gatuajeni duke e përzier vazhdimisht. I skuqim dardhat dhe arrat në gjalpë për 3 minuta. E heqim nga zjarri dhe e lëmë mënjanë të ftohet. Shtoni veshjen. Tani shërbejeni në një pjatë të madhe italiane.

Duke u gëzuar!

Sallatë rome dhe mandarinë me vinegrette me fara lulekuqe

Përbërësit:

6 feta proshutë

1/3 filxhan uthull molle

¾ filxhan sheqer të bardhë

½ filxhan qepë të kuqe të grirë trashë

½ lugë. Pluhur mustardë e thatë

kundër kripës

½ filxhan vaj vegjetal 1 lugë gjelle. lulëkuqe

10 gota gjethe marule rome të grisura

10 oce segmente mandarine, te kulluara

¼ filxhan bajame të thekura të grira

Metoda

Skuqni proshutën në një tigan. Kullojeni, thërrmoni dhe lëreni mënjanë. Në tasin e mikserit vendosim uthullën, sheqerin, qepën e kuqe, pluhurin e mustardës dhe kripën. Ulni shpejtësinë e mikserit në mesatare-të ulët. Hidhni farat e lulekuqes dhe hidhini derisa të përfshihen dhe salca të bëhet kremoze. Kombinoni romaine me proshutën e grirë dhe mandarina në një tas të madh. Dekorojeni me salcë dhe shërbejeni menjëherë.

Duke u gëzuar!

Sallatë shtëpie në stilin e restorantit

Përbërësit:

Ndryshoni porcionet

1 marule e madhe rome, e shpëlarë, e tharë dhe e grirë në copa

4 ons Enë djegës të prerë në kubikë, të kulluar

2/3 filxhan vaj ulliri ekstra të virgjër

1/3 filxhan uthull vere të kuqe

1 C. Kripë

1 ajsberg i madh - i shpëlarë, i tharë dhe i grirë në copa

Zemra angjinare 14 ons, të kulluara dhe të prera në katër pjesë

1 filxhan qepë të kuqe të prerë në feta

kundër piperit të zi të bluar

2/3 filxhan djathë - djathë parmixhano i grirë

Metoda

Hidhini të gjithë përbërësit në një enë dhe përziejini mirë. Shërbejeni menjëherë.

Duke u gëzuar!

Sallatë me spinaq

Përbërësit:

Ndryshoni porcionet

½ filxhan sheqer të bardhë

1 filxhan vaj vegjetal

2 lugë gjelle. Salcë Worcestershire

1/3 filxhan ketchup

½ filxhan uthull të bardhë

1 qepë e vogël e grirë

1 kile spinaq – i shpëlarë, i tharë dhe i grirë në copa të madhësisë së kafshimit

4 oce gështenja të prera në feta, të kulluara

5 feta proshutë

Metoda

Hidhini të gjithë përbërësit në një enë dhe përziejini mirë. Shërbejeni menjëherë.

Duke u gëzuar!

Sallatë me Spinaq Super Seven

Përbërësit:

6 oz paketë spinaq për fëmijë

1/3 filxhan djathë çedër të prerë në kubikë

1 mollë Fuji, e qëruar, e prerë dhe e prerë në kubikë

1/3 filxhan qepë të kuqe të grirë hollë

¼ filxhan boronica të thata të ëmbëlsuara

1/3 filxhan bajame të zbardhura të grira

3 lugë gjelle. salcë sallatë me fara lulekuqe

Metoda

Hidhini të gjithë përbërësit në një enë dhe përziejini mirë. Shërbejeni menjëherë.

Duke u gëzuar!

sallatë e bukur

Përbërësit:

8 gota spinaq bebe

11 oz kanaçe mandarine portokall, te kulluar

½ qepë e kuqe mesatare, e prerë në feta veç e veç

1 filxhan djath feta i grimcuar

1 filxhan salcë vinegrette balsamike

1 ½ filxhan boronicë të thata të ëmbëlsuar

1 filxhan bajame të grira të pjekura në mjaltë

Metoda

Hidhini të gjithë përbërësit në një enë dhe përziejini mirë. Shërbejeni menjëherë.

Duke u gëzuar!

Sallatë me spinaq dhe orzo

Përbërësit:

Pako 16 ons makarona orzo të papjekura

Paketa 10 oz spinaq bebe të grirë imët

½ kile djathë feta e thërrmuar

½ qepë e kuqe e grirë hollë

¾ filxhan arra pishe

½ lugë. Borziloku i tharë

kundër piperit të bardhë të bluar

½ filxhan vaj ulliri

½ filxhan uthull balsamike

Metoda

Sillni një tenxhere të madhe me ujë pak të kripur të vlojë. Transferoni në një tas të madh dhe përzieni spinaqin, fetën, qepën, arrat e pishës, borzilokun dhe piperin e bardhë. Shtoni orzonë dhe gatuajeni për 8 deri në 10 minuta, kullojeni dhe shpëlajeni me ujë të ftohtë. Përzihet me vaj ulliri dhe uthull balsamike. Ftoheni dhe shërbejeni të ftohtë.

Duke u gëzuar!

Sallatë me luleshtrydhe, kivi dhe spinaq

Përbërësit:

2 lugë gjelle. Uthull mjedër

2 ½ lugë gjelle. Reçel me mjedër

1/3 filxhan vaj vegjetal

8 gota spinaq, të shpëlarë dhe të grirë në copa sa një kafshatë

½ filxhan me arra të grira

8 luleshtrydhe, të prera në katër pjesë

2 kivi të qëruara dhe të prera në feta

Metoda

Hidhini të gjithë përbërësit në një enë dhe përziejini mirë. Shërbejeni menjëherë.

Duke u gëzuar!

sallatë me spinaq me shegë

Përbërësit:

1 qese 10 ons baby spinaq, i shpëlarë dhe i kulluar

1/4 qepë e kuqe, e prerë shumë hollë

1/2 filxhan arra të copëtuara

1/2 filxhan feta të grimcuar

1/4 filxhan lakër jonxhe, sipas dëshirës

1 shege e qeruar dhe e ndare kokrrat

4 lugë gjelle. Uthull balsamike

Metoda

Vendosni spinaqin në një tas sallatë. E zbukurojmë me qepë të kuqe, arra, feta dhe lakrat e Brukselit. Spërkateni me kokrrat e shegës dhe spërkatni me salcë.

Duke u gëzuar!

Sallatë me Spinaq me Vinaigrette Jelly Piper

Përbërësit:

3 lugë gjelle. Pete me piper

2 lugë gjelle. Vaj ulliri

1/8 lugë kripë

2 gota spinaq bebe

2 ons djathë dhie të copëtuar

1/8 lugë mustardë Dijon

Metoda

Hidhini të gjithë përbërësit në një enë dhe përziejini mirë. Shërbejeni menjëherë.

Duke u gëzuar!

Sallatë super e thjeshtë me spinaq dhe piper

Përbërësit:

¼ filxhan vaj ulliri

6 oz paketë spinaq për fëmijë

½ filxhan djathë - djathë parmixhano i grirë

¼ filxhan uthull orizi

1 spec i kuq zile i prerë në feta

Metoda

Hidhini të gjithë përbërësit në një enë dhe përziejini mirë. Shërbejeni menjëherë.

Duke u gëzuar!

Sallatë me spinaq, shalqi dhe nenexhik

Përbërësit:

1 lugë gjelle. lulëkuqe

¼ filxhan sheqer të bardhë 10 oz qese gjethe spinaqi bebe

1 filxhan uthull molle

¼ filxhan salcë Worcestershire

½ filxhan vaj vegjetal

1 lugë gjelle. Farat e susamit

2 gota shalqi me fara të prera në kubikë

1 filxhan gjethe menteje të grira hollë

1 qepë e kuqe e vogël e grirë hollë

1 filxhan pecans të thekur të copëtuar

Metoda

Hidhini të gjithë përbërësit në një enë dhe përziejini mirë. Shërbejeni menjëherë.

Duke u gëzuar!

Sallatë e shijshme me shegë

Përbërësit:

10 ons mandarina, të kulluara

10 ons spinaq bebe

10 ons gjethe rukole

1 shege e qeruar dhe e ndare kokrrat

½ qepë e kuqe e grirë hollë

Metoda

Hidhini të gjithë përbërësit në një enë dhe përziejini mirë. Shërbejeni menjëherë.

Duke u gëzuar!

Sallatë krokante me mollë-bajame

Përbërësit:

10 oz paketë sallatë jeshile

½ filxhan bajame të grira

½ filxhan djathë feta të grimcuar

1 filxhan byrek me mollë të copëtuar dhe me fara

¼ filxhan qepë të kuqe të prerë në feta

¼ filxhan rrush të thatë

1 filxhan vinegrette me mjedra

Metoda

Hidhini të gjithë përbërësit në një enë dhe përziejini mirë. Shërbejeni menjëherë.

Duke u gëzuar!

Mandarina, Gorgonzola dhe Kënaqësia e Bajameve

Përbërësit:

½ filxhan bajame të zbardhura, të pjekura të thata

1 filxhan djathë Gorgonzola

2 lugë gjelle. Uthull vere e kuqe

11 ons mandarina, lëng i rezervuar

2 lugë gjelle. Vaj perimesh

12 ons sallatë jeshile

Metoda

Hidhini të gjithë përbërësit në një enë dhe përziejini mirë. Shërbejeni menjëherë.

Duke u gëzuar!

Sallatë rome dhe portokalli

Përbërësit:

½ filxhan lëng portokalli

1 marule e madhe rome - e grisur, e larë dhe e tharë

3 kanaçe me mandarina

½ filxhan bajame të grira

3 lugë gjelle. Vaj ulliri

2 lugë gjelle. Uthull vere e kuqe

½ lugë. Piper i zi i bluar

kundër kripës

Metoda

Hidhini të gjithë përbërësit në një enë dhe përziejini mirë. Shërbejeni menjëherë.

Duke u gëzuar!

Sallatë e varur

Përbërësit:

1 filxhan majonezë

½ filxhan djathë i sapo grirë

½ filxhan karota të grira

¼ filxhan krem djathi - djathë parmixhano i grirë

2 lugë gjelle. Sheqer i bardhe

Përzierje marule pranverore në paketë 10 oz

½ filxhan lulelakra të vogla

½ filxhan proshutë

Metoda

Në një tas të vogël, përzieni 1/4 filxhan parmixhan dhe majonezë sheqer derisa të përzihen mirë. Mbulojeni dhe vendoseni në frigorifer gjatë natës. Kombinoni marulen, copat e proshutës, 1/2 filxhan karota, djathin parmixhano dhe lulelakrën në një tas të madh servirjeje. Spërkateni me salcë të ftohtë pak para se ta shërbeni.

Duke u gëzuar!

Sallatë lakër jeshile me shegë, fara luledielli dhe bajame të grira

Përbërësit:

½ kile lakër jeshile

1 ½ filxhan kokrra shege

5 lugë gjelle. Uthull balsamike

3 lugë gjelle. vaj ulliri ekstra i virgjer

2 lugë gjelle. Fara luledielli

1/3 filxhan bajame të grira

5 lugë gjelle. Uthull orizi e kalitur me piper të kuq

Kripë për shije

Metoda

Lani dhe shkundni ujin e tepërt nga lakra jeshile. Pritini gjethet derisa të jenë të imta, por ende pak me gjethe. Në një tas të madh përzihen së bashku bajamet e prera në feta, lakra jeshile e prerë në feta, farat e shegës dhe luledielli; përzieni për t'u kombinuar. Hiqni brinjët qendrore dhe kërcellet. Përzierja e vajit të ullirit, uthullës së orizit dhe uthullës balsamike spërkatet dhe hidhet sipër përzierjes së lakra jeshile. Për t'u servirur lyhet me kripë.

Duke u gëzuar!

Sallatë Feta me Shegë me Vinaigrette Dijon Limon

Përbërësit:

10 oz pako me gjethe bebesh të përziera

8 oz pako djathë feta e thërrmuar

1 limon i grire dhe i shtrydhur

1 C. mustardë Dijon

1 shege e qeruar dhe e ndare kokrrat

3 lugë gjelle. Uthull vere e kuqe

3 lugë gjelle. vaj ulliri ekstra i virgjer

Kripë dhe piper për shije

Metoda

Marule, djathi feta dhe kokrrat e shegës vendosen në një tas të madh përzierjeje. Më pas lëngu dhe lëkura e limonit, uthulla, mustarda, kripë, vaji i ullirit dhe piperi përzihen në një tas të madh të veçantë. Masa hidhet mbi sallatë dhe hidhet. Shërbejeni tani për të gërmuar.

Duke u gëzuar!

Sallatë me rukolë, kopër dhe portokall

Përbërësit:

½ lugë. Piper i zi i bluar

¼ filxhan vaj ulliri

1 tufë rukola

1 lugë gjelle. mjaltë

1 lugë gjelle. Lëng limoni

½ lugë. I kripur

2 portokall të qëruar dhe në copa

1 llambë kopër, e grirë hollë

2 lugë gjelle. Ullinj të zi të prerë në feta

Metoda

Vendosni të gjithë përbërësit në një tas të madh dhe përziejini mirë.

Shërbejeni menjëherë. Duke u gëzuar!

Sallatë me spinaq me avokado dhe shalqi

Përbërësit:

2 avokado të mëdha, të qëruara dhe të prera në kubikë

4 gota shalqi të prerë në kubikë

4 gota gjethe spinaqi

1 filxhan salcë vinegrette balsamike

Metoda

Vendosni të gjithë përbërësit në një tas të madh dhe përziejini mirë.

Shërbejeni të freskët.

Duke u gëzuar!

Sallatë me avokado, lakër jeshile dhe quinoa

Përbërësit

2/3 filxhan quinoa

1 tufë lakër jeshile, e prerë në copa sa një kafshatë

½ avokado, e qëruar dhe e prerë në kubikë

1/3 filxhan piper zile të kuqe, të copëtuar

½ filxhan kastravec, i prerë në kubikë të vegjël

2 lugë gjelle. Qepë e kuqe, e grirë hollë

1 1/3 filxhan ujë

1 lugë gjelle. Djathë feta i grimcuar

treni

¼ filxhan vaj ulliri 2 lugë gjelle. Lëng limoni

1 ½ lugë gjelle. mustardë Dijon

kundër kripës së detit

kundër piperit të zi, i sapo bluar

Metoda

Shtoni quinoan dhe ujin në një tenxhere. Lëreni të ziejë. Uleni zjarrin dhe gatuajeni për 15 deri në 20 minuta. Mbajeni mënjanë. Ziejeni lakra jeshile me avull për 45 sekonda. Rrihni të gjithë përbërësit për erëzat në një tas. Kombinoni lakër jeshile, quinoa, avokado dhe pjesën tjetër dhe sipër me dressing.

Duke u gëzuar!

Sallatë me kungull i njomë me salcë speciale

Përbërësit

6 kunguj të njomë të vegjël, të prera në feta hollë

½ filxhan piper zile jeshile, i copëtuar

½ filxhan qepë, të prerë në kubikë

½ filxhan selino, të prerë në kubikë

1 kavanoz pimientos, i kulluar dhe i prerë në kubikë

2/3 filxhan uthull

3 lugë gjelle. Uthull verë e bardhë

1/3 filxhan vaj vegjetal

½ filxhan) sheqer

½ lugë. Piper

½ lugë. I kripur

Metoda

Kombinoni të gjitha perimet në një tas mesatar dhe lërini mënjanë.

Kombinoni të gjithë përbërësit e tjerë në një kavanoz me kapak hermetik.

Tundeni fort përzierjen dhe hidheni sipër perimeve. Përziejini butësisht perimet. Mbulojeni dhe vendoseni në frigorifer brenda natës ose të paktën 8 orë. Shërbehet i ftohtë.

Duke u gëzuar!

Sallatë me perime dhe proshutë

Përbërësit

3 gota brokoli të copëtuara

3 gota lulelakër të copëtuar

3 gota selino të grirë

6 feta proshutë

1 ½ filxhan majonezë

¼ filxhan djathë parmixhano

1 pako bizele jeshile të ngrira, të shkrira

1 filxhan boronicë të thata të ëmbëlsuar

1 filxhan kikirikë spanjollë

2 lugë gjelle. qepë e grirë

1 lugë gjelle. Uthull verë e bardhë

1 C kripë

¼ filxhan sheqer të bardhë

Metoda

Gatuani proshutën në një tigan të madh e të thellë derisa të skuqet mirë. E vendosim në pjatë dhe e thërrmojmë. Në një tas të madh, kombinoni brokolin, lulelakrën, bizelet, boronicat dhe selinon. Në një enë tjetër përziejmë djathin, majonezën, qepën, sheqerin, uthullën dhe kripën. Përzierjen e derdhni mbi perime. Shtoni arrat, proshutën dhe përziejini mirë. Shërbejeni menjëherë ose të ftohur.

Duke u gëzuar!

Sallatë krokante me kastravec

Përbërësit

2 litra kastraveca bebe, të prera në feta me lëkurë

2 qepë, të prera hollë

1 filxhan uthull

1 ¼ filxhan sheqer

1 lugë gjelle. I kripur

Metoda

Kombinoni qepën, kastravecin dhe kripën në një tas dhe ziejini për 3 orë. Merrni një tigan dhe shtoni uthull dhe ngroheni. Shtoni sheqerin dhe përzieni vazhdimisht masën derisa sheqeri të tretet. Hiqni kastravecin nga përzierja e njomur dhe kullojeni lagështinë shtesë. Shtoni kastravecin në përzierjen e uthullit dhe përzieni. Transferoni përzierjen në qese ose enë plastike ngrirëse. Ngrini atë. Shkrini dhe shërbejeni të ftohur.

Sallatë shumëngjyrëshe me perime dhe djathë

Përbërësit

1/3 filxhan piper zile të kuqe ose jeshile, të prerë në kubikë

1 filxhan selino, të prerë në kubikë

1 pako bizele të ngrira

3 tranguj të ëmbël, të grira hollë

6 Marule

2/3 filxhan majonezë ¾ filxhan djathë çedër, të prerë në kubikë

Piper, i sapo bluar

Kripë për shije

Metoda

Merrni një tas të madh. Përzieni majonezën, kripën dhe piperin së bashku. Përzierjes shtoni speca të kuq ose jeshil, turshi, selino dhe bizele. Përziejini mirë të gjithë përbërësit. Shtoni djathin në përzierje. E vendosim në frigorifer për 1 orë. Vendosni gjethet e marules në tasin e sallatës dhe grumbullojeni përzierjen sipër gjetheve.

Duke u gëzuar!

Sallatë kremoze me kastravec

Përbërësit

9 gota kastraveca, të qëruara dhe të prera hollë

8 qepë të njoma, të grira hollë

kundër kripës së qepës

kundër kripës së hudhrës

½ filxhan kos

½ filxhan majonezë me pak yndyrë

kundër Piperit

2 pika salcë piper djegës

¼ filxhan qumësht të avulluar

¼ filxhan uthull musht

¼ filxhan) sheqer

Metoda

Merrni një tas të madh. Në një enë hedhim kastravecin, qepët e njoma, kripën e qepës, kripën e hudhrës dhe kosin dhe i përziejmë mirë. Përziejmë majonezën, piperin, salcën e piperit, qumështin, uthullën, sheqerin dhe formojmë një përzierje homogjene. Ndani dressing-un mbi përzierjen e kastravecit. Përziejini mirë që të gjitha perimet të mbulohen me vinegrette. E vendosim sallatën në frigorifer për 4 orë. Shërbejeni të ftohur.

Duke u gëzuar!

Sallatë me proshutë dhe brokoli

Përbërësit

1 filxhan brokoli, i prerë në copa sa një kafshatë

10 feta proshutë

¼ filxhan qepë të kuqe, të grirë hollë

½ filxhan rrush të thatë

3 lugë gjelle. Uthull verë e bardhë

1 filxhan majonezë

1 filxhan fara luledielli

2 lugë gjelle. Sheqer i bardhe

Metoda

Merrni një tigan të madh. Skuqni proshutën derisa të skuqet në mënyrë të barabartë. Thërrmoni dhe mbajeni mënjanë. Vendosni brokolin, rrushin e thatë dhe qepën në një enë dhe përziejini që të bashkohen. Merrni një tas të vogël dhe përzieni majonezën, uthullën dhe sheqerin. Transferoni atë në përzierjen e brokolit dhe hidheni. Lëreni në frigorifer për dy orë. Para se ta shërbeni, shtoni proshutën dhe farat e lulediellit.

Duke u gëzuar!

Sallatë me perime dhe bukë misri

Përbërësit

1 filxhan bukë misri, të grimcuar trashë

1 kanaçe misër gruri integral, i kulluar

½ filxhan qepë, të copëtuar

½ filxhan kastravec, i copëtuar

½ filxhan brokoli, i copëtuar

½ filxhan piper zile jeshile dhe piper i kuq, i grirë imët

½ filxhan domate me fara, të prera

½ filxhan kokrra piper

Veshje në fermë

Kripë dhe piper për shije

gjethe marule

Metoda

Merrni një tas të madh. Shtoni bukën e misrit dhe perimet. Përzieni përzierjen. Spërkateni salcën mbi përzierjen. Shtoni kripë dhe piper sipas shijes tuaj. Hidheni përsëri. Mbulojeni përzierjen dhe vendoseni në frigorifer për të paktën 4 orë. Vendoseni sallatën në gjethet e marules dhe shërbejeni.

Duke u gëzuar!

Sallatë me fasule dhe perime

Përbërësit

2 kanaçe misër të plotë, të kulluar

1 kanaçe fasule të zeza, të lara dhe të kulluara

8 qepë të njoma, të grira hollë

2 speca jalapeno, të prera dhe të grira hollë

1 piper jeshil i prerë në feta hollë

1 avokado, e qëruar dhe e prerë në kubikë

1 kavanoz me speca

3 domate, të prera në feta

1/2 filxhan salcë italiane

1/2 lugë. kripë hudhër

1 filxhan cilantro e copëtuar

1 gëlqere, e shtrydhur

Metoda

Kombinoni fasulet e zeza dhe misrin në një tas të madh. Shtoni qepët e gjelbra, specat zile, specat jalapeno, djegësin, avokadon dhe domatet dhe hidhini për t'u kombinuar. Përzierjes i shtoni korianderin, lëngun e limonit dhe dressingun italian. Shtoni kripë hudhër për erëza. E përziejmë mirë. Shërbejeni të ftohur.

Duke u gëzuar!

Sallatë misri-ullinj

Përbërësit

1 pako misër të ngrirë

3 vezë të ziera

½ filxhan majonezë

1/3 filxhan ullinj të mbushur me djegës

2 lugë gjelle. Qiqra, të grira imët

½ lugë. Pluhur djegës

kundër pluhur qimnon

1/8 lugë kripë

Metoda

Kombinoni misrin, vezët e prera dhe ullinjtë në një tas të madh. Kombinoni majonezën dhe përbërësit e tjerë të salcës në një tas mesatar. Shtoni majonezë në përzierjen e misrit. I trazojmë mirë që të gjitha perimet dhe misri të mbulohen me majonezë. Mbuloni tasin. E vendosim në frigorifer për 2 orë. Shërbejeni të freskët.

Duke u gëzuar!

sallatë misri

Përbërësit

6 kokrra të qëruara, të lara dhe të kulluara

3 domate të mëdha

1 qepë, e prerë hollë

¼ filxhan borzilok, i grirë imët

2 lugë gjelle. uthull të bardhë

¼ filxhan vaj ulliri

Kripë dhe piper për shije

Metoda

Ziejini misrat në një tigan me ujë të vluar, kullojini dhe mbajini të ftohta. Pritini kokrrat nga kalli. Merrni një tas të madh sallate. Kombinoni misrin, borzilokun, qepën, domatet, uthullën, kripën dhe piperin dhe vajin. E përziejmë mirë. Shërbehet i ftohtë.

Duke u gëzuar!

Sallatë e freskët hungareze

Përbërësit

1 pako perime të përziera të ngrira, të shkrira

1 filxhan lulelakër

1/2 filxhan qepë jeshile të prera në feta

1/2 filxhan ullinj të mbushur me djegës, të prerë në feta

1/4 filxhan vaj kanola

3 lugë gjelle. uthull të bardhë

1/4 lugë. piper

1 C. kripë hudhër

Metoda

Kombinoni perimet e ngrira, lulelakrën, qepën dhe ullinjtë në një tas të madh. Bashkoni vajin, kripën e hudhrës, uthullën dhe piperin në blender. Hidhni salcën mbi përzierjen e perimeve. E përziejmë mirë. Lëreni në frigorifer 2 orë para se ta servirni. Shërbejeni në një tas të bukur.

Duke u gëzuar!

Një përzierje perfekte e domates, kastravecit dhe qepës

Përbërësit

2 tranguj të mëdhenj, të përgjysmuar dhe me fara

1/3 filxhan uthull vere të kuqe

1 lugë gjelle. Sheqer i bardhe

1 C kripë

3 domate të mëdha të grira

2/3 filxhan qepë të kuqe të grirë trashë

Metoda

Përziejini të gjithë përbërësit së bashku dhe vendosini në frigorifer gjatë natës. Shërbejeni të freskët.

Duke u gëzuar!

Sallatë klasike me kastravec

Përbërësit

2 tranguj të mëdhenj, të qëruar dhe të prerë në feta

1 qepë e madhe e ëmbël, e copëtuar

2 lugë gjelle. të kripura

¼ filxhan karrota të copëtuara

1/3 filxhan uthull

1 C. xhenxhefil i bluar

5c. Sheqer i bardhe

kundër piperit të zi të trashë

Metoda

Përziejini të gjithë përbërësit së bashku dhe marinoni kastravecin gjatë gjithë natës në frigorifer. Shërbejeni të freskët.

Duke u gëzuar!

Sallatë me domate qershi

Përbërësit

4 filxhanë domate qershi, të përgjysmuara

¼ filxhan vaj vegjetal

3 lugë gjelle. uthull musht

1 C e thatë

1 C. borzilok i tharë

1 C. rigon i tharë

½ lugë. të kripura

1 C. sheqer i bardhë

Metoda

Përziejini të gjithë përbërësit në një tas dhe lërini mënjanë që domatet të zbuten. Përziejini mirë dhe shërbejeni menjëherë.

Duke u gëzuar!

Sallatë me asparagus

Përbërësit

1 ½ paund shparg, të prerë dhe të prerë në copa 2 inç

1 lugë gjelle. uthull orizi

1 C. uthull vere e kuqe

1 C. Salcë soje

1 C. sheqer i bardhë

1 C. mustardë Dijon

2 lugë gjelle. vaj kikiriku

1 lugë gjelle. vaj susami

1 lugë gjelle. Farat e susamit

Metoda

Në një tenxhere të mbuluar vendosim uthullën e orizit, salcën e sojës, uthullën e verës së kuqe, sheqerin dhe mustardën dhe i përziejmë mirë. Ngadalë shtoni vajin e kikirikut dhe vajin e susamit, duke i përzier vazhdimisht derisa të bëhet një masë homogjene. Mbajeni mënjanë. Ziejmë shpargujt në ujë të vluar dhe i kullojmë. Vendosni shpargujt në një tas të madh. I spërkasim me vinegrette. I spërkasim me farat e susamit dhe i përziejmë. Shërbejeni menjëherë.

Duke u gëzuar!

Makarona dhe bizele me sy të zi në sallatë

Përbërësit

6 oce makarona të vogla të gatuara dhe të kulluara

1 kanaçe bizele syzeze, te shpelara dhe te kulluara

1 filxhan qepë jeshile të prera në feta

¾ filxhan kastravec të qëruar dhe të prerë në kubikë

¾ filxhan domate të prera në kubikë

¾ filxhan piper jeshil i prerë në kubikë

1 piper i vogël jalapeño, i grirë imët

Treni:

3 lugë gjelle. Vaj rapese

¼ filxhan uthull vere të kuqe

1 C. Borziloku i tharë

1 C. Salcë e nxehtë

1 C. Pluhur djegës

1 C. Sheqer

½ lugë. kripë me erëza

Metoda

Kombinoni makaronat, bizelet, qepën e gjelbër, kastravecin, domaten, piperin jeshil dhe piperin jalapeño në një tas. Përziejmë vinegretten dhe e rregullojmë me kripë. Spërkateni salcën mbi përzierjen e perimeve. E përziejmë mirë. Shërbehet i ftohtë.

Duke u gëzuar!

Sallatë me spinaq dhe panxhar

Përbërësit

½ kile spinaq bebe, i larë dhe i tharë

1 filxhan arra, të grira trashë

2 ½ lugë gjelle. Sheqer i bardhe

1/3 kanaçe panxhar turshi

¼ filxhan uthull musht

½ lugë. hudhër pluhur

1 C. Kokrriza supë pule

4 oce djathë dhie, i grimcuar

½ lugë. Piper i zi

½ lugë. I kripur

¼ filxhan vaj vegjetal

Metoda

Në një tigan karamelizojmë arrat dhe i ngrohim me pak sheqer në zjarr të fortë. Përzieni panxharin me uthullën e mushtit, hudhrën pluhur, kokrrizat e lëngut, kripën, sheqerin e mbetur dhe piperin në një procesor ushqimi. Shtoni vajin dhe përzieni përsëri derisa të jetë homogjene. Kombinoni arrat e lyera me sheqer dhe spinaqin dhe spërkatini me salcë. Spërkateni me djathë dhe shërbejeni menjëherë.

Duke u gëzuar!

Sallatë me patate me uthull balsamike

Përbërësit

10 patate të kuqe, të ziera dhe të prera në kubikë

1 qepë, e prerë hollë

1 kanaçe artichoke zemra, të katërta

½ filxhan piper zile të kuqe, i pjekur më pas i prerë në kubikë

1 kanaçe me ullinj të zinj

½ filxhan uthull balsamike

1 C. Rigoni i tharë

1 C. Boriloku i tharë

½ lugë. Pluhur mustardë

3 lugë gjelle. Vaj ulliri

2 lugë gjelle. majdanoz i freskët

Metoda

Hidhini të gjithë përbërësit në një enë dhe përziejini mirë në mënyrë që të gjithë përbërësit të mbulohen me uthull. Lëreni në frigorifer për 2-4 orë. Shërbejeni të freskët.

Duke u gëzuar!

Sallatë me domate të marinuara

Përbërësit

3 domate

2 lugë gjelle. qepë e copëtuar

1 lugë gjelle. Bazilika e freskët

1 lugë gjelle. majdanoz i freskët

½ thelpi hudhër

1/3 filxhan vaj ulliri

1/4 filxhan uthull vere të kuqe

1/4 lugë. piper

Kripë për shije

Metoda

Merrni një tas të madh të bukur dhe vendosni mbi të domatet. Merrni një kavanoz të mbuluar dhe shtoni uthullën, vajin e ullirit, borzilokun, majdanozin, hudhrën e grirë dhe piperin dhe tundeni fort në mënyrë që të gjithë përbërësit të përzihen mirë. E rregulloni përzierjen me një majë kripë ose sipas shijes. Masën e derdhni mbi domate. Mbulojeni fort dhe vendoseni në frigorifer brenda natës ose të paktën 4 orë. Shërbehet i ftohtë.

Duke u gëzuar!

Sallatë e shijshme me brokoli

Përbërësit

1 kile brokoli të freskët, të prerë në lule

3 thelpinj hudhre

2 lugë gjelle. Lëng limoni

2 lugë gjelle. uthull orizi

½ lugë. mustardë Dijon

Piper i kuq thekon për shije

1/3 filxhan vaj ulliri

Kripë dhe piper i zi i sapo bluar për shije

Metoda

Hidhni pak ujë në një tenxhere dhe shtoni kripë në të. Lërini të vlojnë dhe shtoni lulet. Ziejini për rreth 5 minuta dhe kullojini. Në një tas të vogël shtoni hudhrën, uthullën, lëngun e limonit, mustardën, vajin dhe specat e kuq dhe përzieni fort. I rregullojmë me kripë dhe piper. Hidheni këtë sipër brokolit dhe përzieni mirë. Mbajeni në temperaturën e dhomës për 10 minuta dhe më pas vendoseni në frigorifer për 1 orë. Shërbejeni të ftohtë.

Duke u gëzuar!

Sallatë misri me salcë italiane

Përbërësit

1 kanaçe me grurë misri të plotë

1 filxhan domate të freskët, të grirë hollë

1 filxhan kastravec, i qëruar dhe i prerë

½ filxhan selino të copëtuar

½ filxhan piper i ëmbël jeshil ose i kuq

2 qepë të njoma

½ filxhan salcë italiane

Metoda

Vendosni misrin në një enë dhe shtoni perimet një nga një. E përziejmë mirë. Hidhni salcën italiane nga shishja dhe përzieni përsëri. Mbulojeni dhe vendoseni në frigorifer për disa orë. Shërbejeni të freskët.

Duke u gëzuar!

Sallatë me speca asparagus

Përbërësit

1 ½ asparagus të freskët, i presim majat dhe i presim në copa të vogla

2 speca zile të verdha, të prera dhe të prera në feta

¼ filxhan bajame të prera në feta, të thekura

1 qepë e kuqe

3 lugë gjelle. mustardë Dijon ¼ filxhan vaj ulliri ½ filxhan djathë parmixhano

3 thelpinj hudhër, të grirë

2 lugë gjelle. Lëng lime 2 lugë gjelle. Sheqer 1 lugë gjelle. salcë e nxehtë

Përzierje e salcës së sallatës për shije

Metoda

Merrni një tepsi dhe renditni shpargujt dhe specat në një shtresë të vetme. Spërkatni vaj ulliri mbi perimet. Vendoseni në 400 gradë F ose 200 gradë C dhe ngrohni furrën paraprakisht. Vendosim tavën e pjekjes dhe e pjekim për 8-10 minuta. Kthejini perimet herë pas here. Ftoheni dhe transferojini perimet në një tas të madh. Shtoni djathin, qepën, bajamet e thekura. Rrihni së bashku vajin e mbetur të ullirit, pluhurin e mustardës, sheqerin, salcën e nxehtë, lëngun e limonit dhe salcën e sallatës. I spërkasim sipër perimet dhe i përziejmë. Shërbejeni menjëherë.

Duke u gëzuar!

Sallatë me domate dhe borzilok

Përbërësit

3 gota oriz të zier

1 kastravec i prerë me fara dhe i prerë në kubikë

1 qepë e kuqe

2 domate

2 lugë gjelle. Vaj ulliri

2 lugë gjelle. uthull musht

1 C. Bazilika e vargjeve

kundër Piperit

½ lugë. I kripur

Metoda

Merrni një tas të madh dhe vendosni orizin, kastravecin, qepën, domatet dhe përziejini së bashku. Vendosni vajin e ullirit, uthullën dhe borzilokun në një kavanoz të mbuluar dhe përzieni fuqishëm. Shtoni kripë dhe piper për shije. Sipër spërkatni masën e orizit dhe përzieni mirë. Lëreni në frigorifer disa orë para se ta shërbeni.

Duke u gëzuar!

Sallatë kopshti shumëngjyrëshe

Përbërësit

5 lugë gjelle. Uthull vere e kuqe

3 lugë gjelle. Vaji i farës së rrushit

1/3 filxhan cilantro të freskët të copëtuar

2 lime

1 C. Sheqer i bardhë 2 thelpinj hudhër të grira hollë

1 pako me sojë jeshile të ngrirë

1 kanaçe fasule të zeza

3 gota kokrra misri të ngrirë

1 litër domate qershi, të ndara në copa

4 qepë të njoma të prera hollë

kundër kripës

Metoda

Rrihni uthullën, vajin, lëngun e limonit, cilantron, hudhrën, sheqerin dhe kripën në një kavanoz të mbuluar ose tas të madh derisa të jenë të lëmuara. Mbajeni mënjanë. Ziejini kokrrat e sojës derisa të zbuten. Ziejeni misrin për 1 minutë. Kulloni sojën dhe misrin nga uji dhe vendosini në një tas të madh. Shtoni veshjen. Hidheni butësisht. Shtoni domatet, qepën në përzierje dhe përzieni. Mbuloni përzierjen. Lëreni në frigorifer për 2 deri në 4 orë.

Shërbejeni të freskët.

Duke u gëzuar!

sallatë me kërpudha

Përbërësit

1 kile kërpudha të freskëta

1 qepë e prerë hollë dhe e ndarë në rrathë

Piper i kuq i ëmbël i grirë imët, një grusht

2/3 filxhan uthull tarragon

½ filxhan vaj kanola

1 lugë gjelle. Sheqeri

1 thelpi hudhër të grirë

Një copë salcë piper djegës

1 lugë. I kripur

2 lugë gjelle. Uji

Metoda

Shtoni të gjitha perimet dhe përbërësit e tjerë në një tas të madh, përveç piperit të kuq, kërpudhave dhe qepëve. I përziejmë mirë. Shtoni kërpudhat dhe qepën në përzierje dhe përzieni butësisht derisa të gjithë përbërësit të jenë të përziera në mënyrë të barabartë. Mbulojeni enën dhe vendoseni në frigorifer brenda natës ose 8 orë. Spërkatni piper të kuq mbi sallatën përpara se ta shërbeni.

Duke u gëzuar!

Sallatë me quinoa, nenexhik dhe domate

Përbërësit

1 ¼ filxhan quinoa 1/3 filxhani rrush të thatë 2 domate 1 qepë të grirë hollë

10 rrepkë ½ kastravec, 1/2, të prera në kubikë

2 lugë gjelle. Bajame të grira të thekura lehtë

¼ filxhan nenexhik të freskët të copëtuar

2 lugë gjelle. Majdanoz i freskët i grirë imët

1 c. filxhan qimnon i bluar leng bli 2 luge gjelle. Vaj susami 2 ½ gota Ujë

Kripë për shije

Metoda

Merrni një tigan dhe shtoni ujë dhe pak kripë. Lëreni të ziejë dhe shtoni quinoa dhe rrush të thatë. Mbulojeni dhe lëreni të ziejë për 12 deri në 15 minuta. E largojmë nga zjarri dhe e lemë të ftohet. Kullojeni quinoan dhe transferojeni në një tas. Në një tas mesatar, hidhni së bashku qepën, rrepkën, kastravecin, bajamet dhe domatet. Hidheni butësisht. Përzieni kuinoan. E rregullojmë me erëza, vaj dhe erëza. Shtoni kripë për shije. Lëreni në frigorifer për 2 orë. Shërbejeni të freskët.

Duke u gëzuar!

Receta e sallatës me lakër turshi

Përbërësit

1 kanaçe lakër turshi, e larë dhe e kulluar mirë

1 filxhan karota te grira

1 filxhan piper jeshil i grire holle

1 kavanoz pimientos, i prerë në kubikë dhe i kulluar

1 filxhan selino të copëtuar

1 filxhan qepë të grirë hollë

¾ filxhan sheqer

½ filxhan vaj kanola

Metoda

Vendosni të gjithë përbërësit në një tas të madh dhe përziejini mirë.

Mbulojeni enën me kapak dhe vendoseni në frigorifer brenda natës ose 8 orë. Shërbejeni të freskët.

Duke u gëzuar!

Sallatë e shpejtë me kastravec

Përbërësit

4 domate të prera në 8 feta

2 tranguj të mëdhenj, të qëruar mirë dhe të prerë në feta hollë

¼ filxhan cilantro e freskët e copëtuar

1 qepë e madhe e kuqe, e prerë hollë

1 gëlqere e freskët, e shtrydhur

Kripë për shije

Metoda

Vendosni fetat e kastravecit, domatet, qepën e kuqe dhe korianderin në një tas të madh dhe përziejini mirë. Shtoni lëngun e limonit në përzierje dhe përzieni butësisht në mënyrë që të gjitha perimet të jenë të lyera me lëngun e limonit. E rregullojmë përzierjen me kripë. Shërbejeni menjëherë ose mund të shërbehet pas ftohjes.

Duke u gëzuar!

Domate të prera në feta me vinegrette kremoze

Përbërësit

1 filxhan majonezë

½ filxhan krem gjysmë e gjysmë

6 domate, të prera në feta

1 qepë e kuqe e prerë në rrathë të hollë

kundër Borzilokut të thatë

Disa gjethe marule

Metoda

Përzieni majonezën dhe kremin gjysmë e gjysmë dhe rrihni mirë. Shtoni gjysmën e borzilokut. Mbuloni përzierjen dhe vendoseni në frigorifer. Merrni një pjatë dhe lyeni me gjethe marule. Renditni fetat e domates dhe rrathët e qepëve. Hidhni salcën e ftohtë mbi sallatë. Më pas spërkatni pjesën tjetër të borzilokut sipër. Shërbejeni menjëherë.

Duke u gëzuar!

Pjatë me sallatë panxhari

Përbërësit

4 tufa panxhar të vegjël të freskët, kërcelli të hequr

2 koka çikore

2 lugë gjelle. Vaj ulliri

1 kile marule pranvere e përzier

1 lugë gjelle. Lëng limoni

2 lugë gjelle. Uthull verë e bardhë

1 lugë gjelle. mjaltë

2 lugë gjelle. mustardë Dijon

1 C. trumzë e thatë

½ filxhan vaj vegjetal

1 filxhan djath feta i grimcuar

Kripë dhe piper për shije

Metoda

Lyejeni panxharin lehtë me vaj vegjetal. Piqini në furrë të parangrohur në 450 gradë F ose 230 gradë C për rreth 45 minuta. Qëroni panxharin dhe priteni në kubikë të vegjël. Kombinoni lëngun e limonit, mustardën, mjaltin, uthullën dhe trumzën në një blender dhe përzieni. Shtoni gradualisht vajin e ullirit ndërkohë që blenderi është në punë. Shtoni kripë dhe piper për shije. Në një tas sallate vendosim sallatën e pranverës, një sasi të mjaftueshme vinegrette dhe përziejmë mirë. Radhisim endiven në një pjatë. Vendosni sallatën jeshile. Spërkateni me kubikë panxhari dhe djathë feta.

Duke u gëzuar!

Sallatë me pulë dhe spinaq

Përbërësit

5 filxhanë pule të gatuar dhe të prerë në kubikë

2 gota rrush jeshil, të përgjysmuar

1 filxhan bizele bore

2 gota të paketuara spinaq të grirë

2 ½ gota selino të prera hollë

7 Oz. makarona spirale të gatuara ose makarona me bërryla

1 kavanoz me zemra angjinare të marinuara

½ kastravec

3 qepë të njoma të grira me majë

Gjethet e mëdha të spinaqit, sipas dëshirës

Feta portokalli, sipas dëshirës

Treni:

½ filxhan vaj kanola

¼ filxhan) sheqer

2 lugë gjelle. Uthull verë e bardhë

1 C. Kripë

½ lugë. Qepë e tharë e copëtuar

1 C. Lëng limoni

2 lugë gjelle. Majdanoz i freskët i grirë

Metoda

Kombinoni pulën, bizelet, spinaqin, rrushin, selinon, zemrat e angjinareve, kastravecin, qepën e gjelbër dhe makaronat e ziera në një tas të madh dhe hidhini. Mbulojeni dhe vendoseni në frigorifer për disa orë. Përziejini përbërësit e tjerë të mbetur në një tas të veçantë dhe vendosini në një tas të mbuluar në frigorifer. Pak para se ta servirni sallatën, bëni dressing-in duke i bashkuar të gjithë përbërësit dhe duke e trazuar mirë. Përziejini përbërësit dhe përziejini mirë dhe shërbejini menjëherë.

Duke u gëzuar!

Sallatë gjermane me kastravec

Përbërësit

2 kastraveca të mëdha gjermane, të prera hollë

½ qepë të prera në feta

1 C. Kripë

½ filxhan salcë kosi

2 lugë gjelle. Sheqer i bardhe

2 lugë gjelle. uthull të bardhë

1 C. kopër e thatë

1 C. Majdanoz i tharë

Metoda 1 C. Paprika:

Rregulloni kastravecat dhe rrathët e qepëve në një tas. Kriposni perimet dhe lërini mënjanë për të paktën 30 minuta. Shtrydhni lëngun e tepërt nga kastravecat pas marinimit. Përzieni kosin, uthullën, koprën, majdanozin dhe sheqerin në një uthull, koprën dhe majdanozin së bashku në një tas.

Përhapeni fetat e kastravecit dhe qepës në këtë vinegrette. Lëreni në frigorifer brenda natës ose të paktën 8 orë. Spërkateni paprikën mbi sallatën pak para se ta shërbeni.

Duke u gëzuar!

Sallatë shumëngjyrëshe agrume me salcë unike

Përbërësit

1 filxhan portokall mandarine majdanoz i freskët i grirë imët

Marule me gjethe, sipas dëshirës

½ grejpfrut i qëruar dhe i përgjysmuar

½ kastravec i vogël

1 domate e vogël e prerë në feta

½ qepë e vogël e kuqe

½ lugë. Sheqer kaf

3 lugë gjelle. Vinegrette franceze ose italiane

1 C. Lëng limoni

1 majë tarragon të tharë

1 C. Boriloku i tharë

kundër Piperit

Metoda

Pasi të ketë kulluar lëngu, vendosni portokallet në një tas të vogël dhe lërini mënjanë. Mbajeni lëngun. Merrni një tas të vogël dhe shtoni majdanozin, borzilokun, tarragonin, salcë, lëngun e limonit, lëngun e portokallit, sheqerin kaf dhe piperin. Rrihni përzierjen derisa të jetë e qetë. Vendosni gjethet e marules në një pjatë. Renditni frutat një nga një. Hidhni vinegretin mbi fruta dhe shërbejeni.

Duke u gëzuar!

Sallatë me patate, karrota dhe panxhar

Përbërësit

2 panxhar të gatuar dhe të prerë në feta

4 patate të vogla, të ziera dhe të prera në kubikë

2 karota të vogla, të gatuara dhe të prera në feta

3 qepë të njoma, të grira

3 turshi të vogla kopër, të prera në kubikë

¼ filxhan vaj vegjetal

2 lugë gjelle. Uthull shampanjë

Kripë për shije

Metoda

I bashkojmë të gjithë përbërësit dhe i përziejmë mirë që të bashkohen shijet. Lëreni në frigorifer për disa orë dhe shërbejeni të ftohur.

duke shijuar

www.ingramcontent.com/pod-product-compliance
Lightning Source LLC
Chambersburg PA
CBHW070422120526
44590CB00014B/1500